AF468728

THÉATRE DES FOLIES-DRAMATIQUES.

LA DANSEUSE ESPAGNOLE

COMÉDIE-VAUDEVILLE EN TROIS ACTES

Par MM. CORMON et E. GRANGÉ

Représentée, pour la première fois, à Paris, sur le théâtre des FOLIES-DRAMATIQUES, le 22 juillet 1854

PRIX : 60 CENTIMES

Paris
BECK, LIBRAIRE, RUE DES GRANDS-AUGUSTINS, 20

1854

LA DANSEUSE ESPAGNOLE

COMÉDIE-VAUDEVILLE EN TROIS ACTES

Par MM. CORMON et E. GRANGÉ

Représentée, pour la première fois, à Paris, sur le théâtre des FOLIES-DRAMATIQUES le 22 juillet 1854

PERSONNAGES.	ACTEURS.
CHABANNAIS	MM. BLONDELET.
ANASTHASE	BOISSELOT.
HENRI DE RIEUX	VALAIRE.
LE GÉNÉRAL GOBÉONOFF	CHRISTIAN.
SWETTBORN	ARNOLD.
GAMBETTI	FORMOSE.
POUPARDIN	FRANCE.
BENJAMIN	DESQUELS.
UN DOMESTIQUE	
LIONEL... / FRASQUITA	Mmes SOPHIE-BÉROUT.
CAMILLE	MARGUERITE.
CHARLOTTE	ROUSSEL.

ACTE PREMIER.

Un salon à Auteuil, chez Chabannais. — La porte au fond, donnant sur un perron conduisant au jardin, que l'on voit par les fenêtres.

SCÈNE PREMIÈRE.

CHABANNAIS, CAMILLE, HENRI, ANASTHASE, POUPARDIN; INVITÉS.

CHŒUR.

Air d'*Haydée*.

Ah! c'est charmant! un hôte aimable
Prévient ici notre moindre désir.
Pour ses amis quel séjour agréable!
Pas un instant qui ne soit un plaisir!

CHABANNAIS. Anasthase, M. Poupardin n'a pas de café.

ANASTHASE, *portant une tasse.* Voilà, mon oncle... tout chaud, tout bouillant.

CAMILLE, *à part, en tenant un carafon à la main.* Il n'arrive pas!... que fait-il?... qu'est-ce qui le retient encore?... (*S'adressant à Henri.*) Monsieur de Rieux, désirez-vous de l'anisette?

HENRI. Volontiers, Mademoiselle.

CHABANNAIS. Anasthase, où as-tu donc mis le parfait-amour?

ANASTHASE. Il n'y en a plus, mon oncle.

CHABANNAIS. Il n'y a plus de parfait-amour?

CAMILLE. Je crois bien! mon cousin en fait une telle consommation...

HENRI. En vérité, mon cher monsieur Chabannais, votre habitation est charmante...

POUPARDIN. Charmante! c'est le mot!...

HENRI. Un jardin délicieux, la proximité du bois de Boulogne, et, grâce au chemin de fer, Paris à votre porte... c'est admirable!...

CHABANNAIS. Sans doute... sans doute... mais toute chose a son mauvais côté.

CAMILLE. Oh! papa va se récrier pour quelques

petits caprices que je me permets de temps à autre, et que le voisinage autorise... comme par exemple, d'avoir désiré, tout à coup, à huit heures du soir, de manger des glaces de chez Zoppi...

ANASTHASE, *à part*. Bon!... compris l'apologe.

CAMILLE. Et notez que ça ne dérange personne...

ANASTHASE, *à part*. Que votre serviteur!

CAMILLE. Mon cousin est si complaisant...

ANASTHASE, *à part*. Oh! elle en veut, c'est sûr.

CAMILLE, *le regardant gracieusement*. Au moindre mot dit par moi, il prend son chapeau, court au chemin de fer... s'élance en seconde classe, et un quart d'heure après...

ANASTHASE. Le caprice arrive à la framboise ou à la vanille.

CAMILLE, *à part*. Il va y aller!...

HENRI. Mademoiselle a raison... ça ne dérange personne.

POUPARDIN. Personne! c'est le mot!...

CHABANNAIS. Oh! elle trouve toujours moyen d'arranger les choses...

ANASTHASE, *à part*. Elle fait de moi un vrai commissionnaire.

CHABANNAIS. Ah çà! mes bons amis, vous savez, à la campagne, liberté, libertas!... Je n'exige pas que l'on reste coffré dans ce pavillon... promenez-vous, jouez, dansez..... Où il y a de la gêne, il n'y a pas de plaisir!

CAMILLE. Ah! moi, d'abord, j'organise une contredanse, et je tiens le piano pour la première...

HENRI. Alors, Mademoiselle, je réclame de danser la seconde avec vous...

CAMILLE. La seconde?... ah! c'est que...

HENRI. Seriez-vous invitée d'avance?

CAMILLE. Non... oh! non... et j'accepte avec grand plaisir... (*A part.*) Enfin, d'ici là... j'espère qu'il sera arrivé...

ANASTHASE, *à part, en regardant la pendule*. Bigre!... je n'ai que deux minutes pour attraper le train! (*Il sort en courant.*)

CHABANNAIS. Anasthase!... Anasthase!...

ANASTHASE, *courant toujours et criant*. Je suis à vous dans un instant, mon oncle...

CHABANNAIS. Où diable court-il comme ça?... Ah! je suis bête... il va arranger le whist...

REPRISE DU CHŒUR.

Ah! c'est charmant! un hôte aimable
Prévient ici notre moindre désir.
Pour ses amis quel séjour agréable!
Pas un instant qui ne soit un plaisir!

(*Camille et les invités se dispersent dans le jardin, de différents côtés. Chabannais retient Henri.*)

SCÈNE II.

CHABANNAIS, HENRI.

CHABANNAIS. Combien je vous sais gré, monsieur Henri, d'avoir accepté de venir à nos petites réunions du samedi!...

HENRI. C'est un vrai plaisir pour moi.

CHABANNAIS. Et c'est un grand honneur que vous me faites... moi, Chabannais, simple sous-chef retraité des Affaires étrangères... recevoir un secrétaire d'ambassade... un homme qui a vu la Néva et la statue de Pierre le Grand!

HENRI, *riant*. Vous vous exagérez mon importance, cher monsieur Chabannais... Regardez-moi simplement comme le fils d'un de vos anciens amis, et rien ne me sera plus agréable.

CHABANNAIS. Ah! prenez garde!... je vais en abuser!...

HENRI. N'ayez pas peur!...

CHABANNAIS, *prenant un air grave*. Mon cher ami, j'ai une fille...

HENRI. Charmante!

CHABANNAIS. Oui, j'ai fait de mon mieux, désirant prendre ma retraite de bonne heure... La petite est gentille, elle aura une dot très-gentille aussi... il ne lui manque donc plus...

HENRI. Qu'un mari!...

CHABANNAIS. Juste!... ah!... ces diplomates!... ils devinent tout.

HENRI, *souriant*. C'est notre état!...

CHABANNAIS. J'avais le mari sous la main... un neveu que je reçois dans mon intimité, qui donne le bras à ma fille le dimanche, et que j'ai fait entrer surnuméraire dans mon ancien bureau... Cette union flattait mes idées... un mariage tout fait, point de peine à me donner... Quand on a pris sa retraite... on n'aime pas le tracas... Enfin, je n'attendais plus qu'une occasion favorable... quand tout à coup... Je parie que vous devinez?...

HENRI. Mademoiselle Camille aura changé d'idée...

CHABANNAIS. Ah! mon cher monsieur Henri... les pères proposent...

HENRI. Et les enfants disposent...

CHABANNAIS. Bref... ce soir j'attends un jeune homme... très-bien, à ce que prétend ma fille, car moi, je ne le connais pas encore; mais il m'a été recommandé par mon ancien chef de bureau; il est intéressé chez un agent de change... et s'il est tel qu'on me l'a dépeint, je suis décidé à conclure ce mariage vivement.

HENRI. Vous avez raison! les affaires menées vite sont presque toujours heureuses. Mais je ne vois pas ce que je puis faire dans celle-ci.

CHABANNAIS. Deux choses: d'abord, observer le prétendu, et me dire votre avis d'homme du monde; ensuite, le cas échéant, servir de premier témoin à ma fille...

HENRI. De grand cœur.

CHABANNAIS, *lui serrant les mains*. Vous me comblez de joie... et si jamais vous vous mariez... à charge de revanche, bien entendu.

HENRI. Oh! nous avons le temps d'y songer.

CHABANNAIS. Les occasions ne doivent pourtant pas vous manquer... et les plus belles encore!... un homme qui a vu la Néva... et la statue de Pierre...

HENRI, *l'interrompant.* Oui, c'est possible... mais je me suis promis, dans le choix d'une femme, d'écarter toute considération de naissance ou de fortune, pour ne suivre que l'impulsion de mon cœur. Le premier essai que j'ai fait de mon principe n'a pas été heureux; j'attends le second.

CHABANNAIS. Ah! vraiment?... vous avez eu déjà une passion?...

HENRI. A peu près... il y a de cela quatre ou cinq ans... A cette époque, le hasard me conduisit un jour, avec quelques camarades, à l'une de ces fêtes moitié villageoises et moitié parisiennes, comme il y en a tant autour de la capitale. La foule se pressait vers la salle de danse, et à chaque figure j'entendais des bravos, des applaudissements qui piquèrent ma curiosité... Je m'approche et je vois en effet, au milieu d'un essaim de danseuses, une jeune fille dont la grâce et l'entrain attiraient tous les regards. Sans avoir rien que de très-convenable, sa danse était vraiment étrange... on se sentait charmé, séduit...

CHABANNAIS. J'aurais voulu voir ça...

HENRI. Je quittai le bal, entraîné par mes amis; mais en me promettant bien d'y revenir le dimanche suivant, pour revoir ma jeune almée.

CHABANNAIS. Le temps a dû vous paraître joliment long?...

HENRI. Pas du tout; car je la revis dès le soir même.

CHABANNAIS. Vraiment?..

HENRI. Au clair de la lune... à une petite mansarde dont la fenêtre, toute chargée de fleurs, donnait juste en face de la mienne... Figurez-vous une apparition en camisole blanche, avec de grands cheveux tombant sur les épaules, et à la main un pot cassé dont elle arrosait des volubilis qui semblaient être ses seules amours... Rien n'était plus charmant...

CHABANNAIS. Ni plus romanesque...

HENRI. Dès le lendemain, je prenais des informations sur ma voisine: il n'y avait qu'une voix en sa faveur. Elle était orpheline, vivait seule, travaillait tout le jour et ne recevait jamais personne.

CHABANNAIS. Mais elle ne tarda pas, je pense, à faire pour vous une exception?...

HENRI. Au contraire; malgré mes prières, mes sollicitations les plus vives, sa demeure me resta fermée.

CHABANNAIS. Pas possible!

HENRI. Ce fut d'une fenêtre à l'autre que nos cœurs se parlèrent!... Le dimanche seulement, quand il faisait beau, on m'acceptait pour cavalier à la danse, pas davantage; à cette danse magique, dont les séductions augmentaient chaque fois mon amour.

CHABANNAIS. Ça devenait sérieux...

HENRI. Tellement sérieux, que j'avais résolu d'offrir à Virginie de l'épouser. Et je l'aurais fait sans une circonstance...

CHABANNAIS. Quoi donc?...

HENRI. Un soir... je venais de la quitter dans la rue et j'allais m'éloigner, la tête remplie des plus douces pensées, quand je vis un jeune homme franchir la porte de sa maison.

CHABANNAIS. Eh bien?...

HENRI. Un frisson involontaire me glaça le cœur. Je m'élance sur les pas de l'inconnu; il monte l'escalier... il arrive à la porte de Virginie, il frappe... Et cette porte qui jamais ne s'était ouverte pour moi, je la vis s'ouvrir et se refermer sur lui!...

CHABANNAIS. Ah! pauvre garçon!...

HENRI. Le lendemain, je partais pour Nice, comme secrétaire du consulat de France.

CHABANNAIS. Je comprends votre désillusion, votre chagrin.

HENRI. Mais, à la longue, toute souffrance s'apaise, tout chagrin s'oublie... et mademoiselle Camille va m'accuser d'un oubli bien plus grave... car je l'ai invitée... elle m'attend peut-être... et grâce à vous qui me faites jaser...

CHABANNAIS. C'est bon... je vais lui dire que c'est ma faute. (*Il prend le bras de Henri et ils se dirigent vers le fond, tout en causant.*) Et depuis, vous ne l'avez jamais revue?

HENRI. Jamais...

CHABANNAIS. Vous n'avez jamais cherché à savoir?... (*Ils disparaissent; aussitôt Camille entre par la droite.*)

SCÈNE III.

CAMILLE, *seule.* Personne sur la route du Ranelagh!... (*Elle va ouvrir la fenêtre de gauche.*) Ah!... cette fenêtre qui donne du côté d'Auteuil... peut-être vient-il par là... (*Elle regarde.*) Non... pas un équipage... pas un seul cavalier!...

Air du *Piano de Berthe.*

Pour un amoureux il n'est pas pressé!
A tarder ainsi qui donc l'a forcé?
Attendons encor et bientôt, j'espère,
Comme un bon mari, son cœur de me plaire
Sera plus pressé!

En vérité, je ne comprends pas une pareille indifférence!... Mon père va certainement s'en faire une arme pour m'imposer mon cousin... mais je ne le souffrirai pas, et je vais prendre mes précautions d'avance.

SCÈNE IV.

CAMILLE, CHABANNAIS, BENJAMIN.

CHABANNAIS, *entrant, à la cantonade.* C'est ça, faites absolument comme chez vous... (*Il va regarder à la pendule.*) Huit heures un quart... Bon! pendant que nos amis s'ébattent dans le jardin, j'ai le temps de lire mon journal du soir. (*A un domestique qui vient desservir.*) Benjamin, montez-moi *la Presse*...

BENJAMIN. Monsieur, il n'y a pas de *Presse*...

CHABANNAIS. Mais si, au contraire, je suis très-pressé... et je trouve fort inconvenant...

CAMILLE, *tirant le journal de sa poche.* Ah! pardon, papa... voilà votre journal; c'est moi qui l'avais pris à la grille.

CHABANNAIS. Donne. (*Il déplie son journal.*)

CAMILLE, *à part.* Profitons de l'absence de mon cousin pour décider papa à rompre avec lui.

CHABANNAIS, *lisant son journal.* Ah! voilà qui est fort!... Stockholm... nouvelles d'hier au soir... Londres, quatre heures de l'après-midi.

Air de *l'Actrice.*

Grâce au télégraphe électrique,
En un clin d'œil nous apprenons
Ce qui se passe en Amérique,
Chez les Chinois, chez les Lapons...
Aujourd'hui, la vitesse est telle
Que j'espère prochainement
Voir arriver une nouvelle
Qui précède l'événement.

CAMILLE. Oui, sans doute, c'est très-curieux... mais...

CHABANNAIS, *l'interrompant.* Ah! fillette, écoute donc... toi qui aimes tant les ballets!... je devais entendre parler de danse ce soir... (*Lisant.*) « On « annonce l'arrivée d'une célèbre danseuse espa- « gnole, la senora Frasquita, qui est destinée, « dit-on, à faire courir tout Paris. »

CAMILLE, *venant s'appuyer sur son épaule.* Papa, si vous êtes bien gentil, nous irons la voir le jour de la signature de mon contrat.

CHABANNAIS. Alors nous n'y sommes pas...

CAMILLE. Comment?...

CHABANNAIS. Il me semble qu'avant de signer le contrat, il faut que je connaisse le futur... et du train dont il y va...

CAMILLE. Quelque raison importante le retient sans doute...

CHABANNAIS. Je te ferai observer que c'est la troisième invitation que je lui adresse pour nos samedis... et que deux fois déjà, il a trouvé bon de ne pas venir...

CAMILLE. Il vous a écrit pour s'excuser... il était souffrant.

CHABANNAIS. C'est un homme qui manque d'exactitude, voilà.

CAMILLE. Avec vous, papa, il faudrait être à la minute.

CHABANNAIS. Certainement... aussi, j'ai ajouté une fameuse phrase à la lettre d'invitation que je lui ai adressée...

CAMILLE. Ah! quoi donc?... qu'est-ce que vous lui dites?...

CHABANNAIS. « Mon cher Monsieur, un employé « qui manque deux fois sur la feuille de présence « est remercié à la troisième. Je vous donne jus- « qu'à neuf heures... »

CAMILLE, *à part.* Neuf heures! et il en est huit et demie!

CHABANNAIS. « Ce délai passé, il me sera désor- « mais impossible de vous recevoir... »

CAMILLE. Ah! vous êtes trop rigide, papa...

CHABANNAIS, *pendant que Camille pousse l'aiguille de la pendule.*) C'est mon ultimatum. Si, à neuf heures, M. Lionel n'est pas ici, tu épouseras ton cousin... Quelle heure est-il?...

CAMILLE, *s'éloignant de la pendule.* Huit heures un quart.

CHABANNAIS. Tu dis?...

CAMILLE. Huit heures un quart.

CHABANNAIS. C'est particulier... (*Il va écouter à la pendule.*) Elle marche.

CAMILLE. Oh! je suis bien sûre qu'il ne manquera pas, lui qui, cet été, à Dieppe, était si empressé de rendre visite à ma tante; jamais il ne manquait non plus de nous attendre sur la plage. Et le soir, au Casino, comme il avait deviné que j'aimais la danse, il n'avait pas de cesse qu'il n'eût organisé un quadrille. C'est ça de l'amour!...

ANASTHASE, *dans la coulisse.* Faites mettre les glaces dans le four et les brioches dans la glace... non... les glaces dans la... attendez, vous êtes si maladroit!...

CHABANNAIS. Hein?... qu'est-ce qu'il dit?... des glaces!...

CAMILLE. Vous lui en aurez demandé?...

CHABANNAIS. Ou plutôt... il aura voulu te plaire... te faire sa cour... ingrate!

CAMILLE. Voyez-vous, papa, Anasthase a un défaut, c'est d'être mon cousin depuis trop longtemps; et je trouve que vous avez eu tort de tant tarder à le prévenir de ce qui se passe...

CHABANNAIS. Comment! j'ai eu tort! Si tu crois que ces commissions-là sont gaies...

CAMILLE. Dame!... ce n'est pas moi qui peux m'en charger.

CHABANNAIS. C'est vrai.

CAMILLE. Alors, c'est vous.

CHABANNAIS. C'est juste, c'est moi.

CAMILLE. Donc, j'ai raison de dire que vous avez eu tort.

CHABANNAIS. Je n'avais pas envisagé la question à ce point de vue.

SCÈNE V.

LES MÊMES, ANASTHASE.

ANASTHASE, *entrant.* Faut-il qu'un homme soit bête!

CHABANNAIS. Comment bête!.. tu oses me dire, à moi?...

ANASTHASE. A vous, mon oncle... oh!.. je pourrais le penser... mais le dire...

CHABANNAIS. A la bonne heure!

ANASTHASE. C'est ce Benjamin qui fait des réflexions... C'est fait, ma cousine... fort stupides!...

CHABANNAIS. Anasthase, tu as une manière de parler qui me déplaît... tu coupes tes phrases... on ne sait jamais...

ANASTHASE. Voilà! cet animal... je ne crois pas l'injurier en l'appelant ainsi... cette brute se permet de me regarder en souriant, et d'ajouter d'un air malin : « Eh! eh!... c'est y pour bientôt?... »

CHABANNAIS. Quoi?...

ANASTHASE. C'est ce que je lui ai dit : Quoi?... et il l'est resté, coi... Ça sera... (*Regardant Camille sentimentalement.*) quand on voudra que ça soit. (*Il remonte en soupirant.*)

CAMILLE, *à Chabannais.* Vous voyez, papa, à quoi vous m'exposez...

CHABANNAIS. Tu as raison; je lui dois une explication franche, et je vais la lui donner... mais tu sais, à neuf heures...

CAMILLE. C'est convenu. (*A part.*) Gagnons encore un peu de temps... (*Elle retarde la pendule, et va pour sortir.*)

ANASTHASE, *l'arrêtant.* Cousine, je n'ai pas oublié que vous les aimez panachées!...

CAMILLE, *à part.* Est-ce assez plat ce qu'il me dit là!

ENSEMBLE.

Air : *Valse de Tolbecque.*

ANASTHASE.

L'espérance
Vient d'avance
M'offrir un tableau charmant;
Car du père,
Sans mystère,
J'aurai le consentement.

CHABANNAIS.

A la danse
Va; je pense
Aussi que ton danseur t'attend.
Et ton père,
Sans mystère,
Va lui parler à l'instant.

CAMILLE.

A la danse
Je m'élance...
Au salon mon danseur m'attend.
Vous, mon père,
Sans mystère
Il faut parler à l'instant.

(*Camille sort par le fond; la valse continue en sourdine.*)

SCÈNE VI.

ANASTHASE, CHABANNAIS.

CHABANNAIS, *à part.* Si je sais comment lui tourner ça... enfin!... (*Haut.*) Anasthase, quelle heure est-il?...

ANASTHASE, *regardant la pendule.* Huit heures un quart...

CHABANNAIS. Tu dis?...

ANASTHASE. Huit heures un quart.

CHABANNAIS. C'est particulier... (*Il va mettre son oreille contre la pendule.*) Elle marche...

ANASTHASE, *à part.* Qu'est-ce qu'il a donc?

CHABANNAIS, *avec importance.* Anasthase... mon neveu... prête à ton oncle l'attention et la dose d'intelligence dont la nature t'a doué.

ANASTHASE. Oui, mon oncle... l'intelligence d'un surnuméraire.

CHABANNAIS. Il est temps que je te parle avec franchise et clarté...

ANASTHASE. Oui, mon oncle... je pense...

CHABANNAIS. Tais-toi! (*Prenant un air digne.*) Anasthase, j'attends quelqu'un à neuf heures; si l'on vient, certainement cela me sera désagréable, mais enfin... que veux-tu faire à ça?... il n'y aura ni de ma faute ni de la tienne... Je ne t'en dis pas davantage relativement à cette hypothèse... je vois que tu me comprends.

ANASTHASE. Sans doute... mais...

CHABANNAIS. Tais-toi!... Si au contraire, à neuf heures, on n'est pas venu... c'est une affaire toisée! tu n'as plus qu'à te couronner de myrtes et de roses! Voilà qui est clair, hein?... Et je pense, quoi qu'il arrive, que tu me sauras gré de ma franchise.

ANASTHASE, *à part.* Qu'est-ce qu'il peut avoir voulu me dire?...

CHABANNAIS, *à part.* Ma fille voulait que je m'expliquasse... ça m'a coûté... mais je suis content de l'avoir fait... (*Il se dirige vers le fond, et se rencontre avec des invités qui se promènent.*)

ANASTHASE, *regardant Chabannais, et après un temps.* Je crois que je ferais bien d'avertir le médecin de la famille... C'est peut-être l'âge!... Enfin!... paraîtrait que si, à neuf heures, on n'est pas venu... je n'aurai plus qu'à danser la farandole! (*Regardant la pendule.*) Si je mettais tout de suite les chances de mon côté!.. qu'est-ce que je risque?... (*Il avance la pendule.*) Je saurai plus vite à quoi m'en tenir... (*Chabannais reparaît au fond. Camille arrive en courant par la *droite, et prend le bras de son père. Peu à peu tous les invités reviennent.)*

SCÈNE VII.

ANASTHASE, CHABANNAIS, CAMILLE, *puis* HENRI ; INVITÉS.

CAMILLE, *rentrant dans le pavillon avec son père.* Mon père, on vient de sonner à la grille du jardin... c'est lui, j'en suis sûre...

CHABANNAIS, *vivement.* Anasthase, quelle heure est-il?...

ANASTHASE. Neuf heures trente-cinq.

CHABANNAIS. Tu dis?

ANASTHASE. Neuf heures trente-cinq.

CHABANNAIS. C'est particulier.

CAMILLE. C'est impossible!...

CHABANNAIS. Sans doute, il était huit heures un quart il n'y a qu'un instant!...

HENRI. Huit heures un quart!... (*Tirant sa montre.*) Il est neuf heures juste!

CHABANNAIS. Cette pendule a quelque chose...

BENJAMIN, *annonçant.* M. Lionel Durand.

CAMILLE, *à part.* Ah! enfin...

CHABANNAIS. Faites entrer! (*Bas, à Henri et à Poupardin.*) C'est lui... le jeune homme en question...

ANASTHASE, *à part.* C'est peut-être le notaire!...

SCÈNE VIII.

LES MÊMES, LIONEL.

MORCEAU D'ENSEMBLE.

Air de *M. Masset.*

CHABANNAIS, *allant à la rencontre de Lionel qui entre.)*

Entrez, Monsieur...

CAMILLE, *à part.*

Je suis tremblante...

ANASTHASE, *à part.*

Pour un notaire il est trop bien!

CHABANNAIS.

A mes amis je vous présente...

LIONEL, *saluant.*

Monsieur, quel bonheur est le mien!

CHABANNAIS, *parlé.* Quant à ma fille... vous vous êtes déjà trouvé avec elle...

LIONEL. J'ai eu ce bonheur...

CAMILLE, *à part.* Oh! c'est étrange!... cette voix...

LIONEL, *s'approchant.* Mademoiselle...

CAMILLE. Monsieur!... (*Levant les yeux.*) Ah! ce n'est pas lui!...

LIONEL, *vivement.* Silence!...

ENSEMBLE.

LIONEL.

Cet accueil flatteur
Double l'espérance
Qu'en ces lieux, d'avance,
Apportait mon cœur.

CHABANNAIS, HENRI ET LES INVITÉS.

Il a, sur l'honneur,
Fort bonne apparence;
Tout ici d'avance
Parle en sa faveur.

CAMILLE.

Calmons ma frayeur,
Et point d'imprudence;
Il faut au silence
Contraindre mon cœur.

ANASTHASE, *à part.*

Dans ce visiteur
J'ai peu confiance...
Il faut au silence
Contraindre mon cœur.

CHABANNAIS, *à Lionel.*

Sur vous je ne comptais plus guère!

CAMILLE, *à part.*

Mais quel est donc cet étranger?...

LIONEL, *à Camille.*

De ce retard involontaire
Combien mon cœur dut s'affliger!...

(*A Chabannais, en lui montrant sa montre.*)

A l'heure heureusement j'arrive, je l'espère!

CHABANNAIS, *à part, en regardant sa pendule.*

Elle a besoin de faire un tour chez l'horloger...

REPRISE DE L'ENSEMBLE.

LIONEL.

Cet accueil flatteur, etc.

CHABANNAIS, HENRI, LES INVITÉS.

Il a, sur l'honneur, etc.

CAMILLE, *à part.*

Calmons ma frayeur, etc.

ANASTHASE, *à part.*

Dans ce visiteur, etc.

LIONEL, *à Camille.* J'espère, Mademoiselle, que, depuis notre rencontre sur la plage de Dieppe, vous vous êtes toujours bien portée?

CAMILLE, *l'observant.* Depuis notre rencontre?... oui, Monsieur, je vous remercie.

LIONEL. Et madame votre tante?... n'aurai-je pas l'honneur de lui présenter mes respects?...

CAMILLE. Ma tante?... elle est retournée en province... (*A part.*) Quelle assurance! quel sang-froid!...

LIONEL, *à Chabannais.* Ah! Monsieur, que de fois, à Dieppe, j'ai entendu Mademoiselle regretter l'absence de son père chéri!...

CHABANNAIS. Vraiment?...

LIONEL. Quand un de ces spectacles grandioses, si fréquents au bord de la mer, s'offrait à nos regards: « Pourquoi mon bon petit père n'est-il pas là! » s'écriait-elle...

CHABANNAIS. Je n'avais pas encore pris ma retraite.

LIONEL. Faisait-il une belle et douce matinée?... allions-nous, en caravane, visiter la délicieuse vallée d'Arques?... « Oh! mon pauvre père!... lui qui aime tant la campagne, les bois et les fleurs!... il est sans doute dans son vilain bureau... travaillant pour sa fille!... » Et tous nos efforts pour distraire Mademoiselle restaient alors impuissants; on ne lui arrachait plus un sourire de la journée...

CHABANNAIS, *attendri*. Cette chère petite biche!...

LIONEL. Cette tendresse filiale, se trahissant ainsi dans les plus petits détails, avait quelque chose de charmant, je dirai presque de contagieux; car, vous ne sauriez croire, Monsieur, le nombre d'amis que vous aviez à Dieppe, grâce à mademoiselle votre fille... (*Chabannais, de plus en plus attendri, tire son mouchoir, s'essuie les yeux, se mouche; puis, cédant à son émotion, il serre sa fille dans ses bras.*)

ANASTHASE, *à part, pendant ce jeu de scène*. Le langage de ce Monsieur n'a rien qui sente le notariat... Je conçois un soupçon... (*Les invités se parlent entre eux à voix basse, et semblent se communiquer leurs observations sur Lionel. Celui-ci s'approche de Chabannais qui embrasse Camille.*)

LIONEL.

Air du *Château perdu*.

D'un tel amour, moi qui n'ai plus de père,
Je comprenais le charme et la douceur;
Souvent aussi, je dois être sincère,
Il m'inspira l'espoir le plus flatteur.
Le nom de fils, nom si cher et si tendre,
Nom qui jamais ne me fut adressé,
Un rêve heureux me le faisait entendre...
Et c'est par vous qu'il était prononcé!

ANASTHASE, *qui a écouté, à part*. Il veut que mon oncle l'appelle son fils!... mon soupçon grandit...

CHABANNAIS. Jeune homme!... je vous dois une explication claire et franche. Vous m'avez dit des choses qui... certainement... D'un autre côté... il y a aussi des raisons pour que... Enfin... je ne dis pas oui... mais je ne dis pas non... Il me semble que c'est assez clair!

LIONEL. Monsieur, je n'en demande pas davantage, et je suis trop heureux!...

ANASTHASE, *à part*. J'y suis!... c'est un rival... Mon oncle méditait de m'enlever le cœur de sa fille... elle ne le souffrira pas!... (*Il remonte.*)

LIONEL, *bas, à Camille*. Mademoiselle, il faut que je vous parle... à vous seule! (*Il s'éloigne et va saluer d'autres personnes.*)

CAMILLE, *à part*. Un entretien secret avec lui que je ne connais pas... qui se présente sous un nom emprunté!...

CHABANNAIS, *bas, à Poupardin et à Henri qui se tiennent à l'écart*. Eh bien!... comment le trouvez-vous?...

HENRI. Mais... autant qu'on peut en juger à première vue... il a les manières, le ton d'un jeune homme très-comme il faut.

POUPARDIN. Très-comme il faut, c'est le mot...

CHABANNAIS. Et il m'a dit des choses... qui m'ont remué.

CAMILLE, *s'approchant, et prenant son père par la main*. Mon père...

CHABANNAIS. Je te vois venir, tu brûles de connaître mon opinion sur lui... Il me va... il me va très-bien, et je vais...

CAMILLE, *le retenant*. Mais, mon père, avant de le lui laisser voir et de l'encourager... il me semble qu'il serait convenable...

CHABANNAIS. Quoi?...

CAMILLE. Enfin... je serais bien aise...

CHABANNAIS. De causer un peu avec lui?...

CAMILLE. Et de m'assurer par moi-même...

CHABANNAIS. Allons, je le permets... Au point où en sont les choses... je n'y vois pas d'inconvénient.

CAMILLE, *à part*. Au moins, j'aurai la clé de ce mystère.

ANASTHASE, *à part*. Ma cousine paraît fort ennuyée de ce Monsieur... Profitons de mes avantages..... (*Haut.*) Benjamin... servez les glaces!...

CAMILLE. Les glaces... nous les avons mangées.

ANASTHASE. Ah!...

CHABANNAIS. Elles étaient excellentes...

ANASTHASE. Ah!...

POUPARDIN. Excellentes... c'est le mot... et nous n'en avons pas laissé une seule...

ANASTHASE, *à part*. Merci!.. c'est gai pour moi qui ai fait la course!

POUPARDIN. Ah çà! Mesdames, il se fait tard... il ne faut pas manquer le chemin de fer... je vous engage à vous apprêter...

CHABANNAIS. Comment déjà!... (*Les dames et les invités sortent les uns après les autres, pendant ce qui suit :*)

POUPARDIN, *à Henri*. Et pendant qu'on mettra les chapeaux, je vous offre votre revanche en cinq, à l'écarté, monsieur de Rieux... (*A ce nom, Lionel, qui se rapprochait de Camille, se retourne vivement, et à la vue de Henri, pousse un léger cri de surprise.*)

LIONEL. Ah!

CHABANNAIS. Quoi donc?...

LIONEL, *se remettant*. Rien!... rien!... je craignais d'avoir marché sur la robe de Madame. (*Poupardin et Henri, pendant ces derniers mots, se sont dirigés vers la gauche et disparaissent. Lionel, qui les a suivis jusqu'à la porte, s'arrêtant, et à part.* M. de Rieux ici!...

CAMILLE, *bas, à Chabannais.* Mon père... emmenez Anasthase...

CHABANNAIS. Sois tranquille !

LIONEL, *à part.* Oh ! c'est lui!... c'est bien lui !

CHABANNAIS. Anasthase !

ANASTHASE. Mon oncle ?...

CHABANNAIS. Qu'est-ce que tu fais là ?... Les dames cherchent leurs châles, leurs chapeaux, et tu ne te précipites pas pour les aider?...

ANASTHASE, *à part, avec indignation.* Oh! il veut m'éloigner!

CAMILLE. Allez donc, mon cousin !

ANASTHASE, *à part.* Et elle y pousse !... Saperlotte, lui aurait-il inspiré un faible ?...

ENSEMBLE.

Air :

LIONEL, *à part.*

Il faut ici, car le temps presse,
Il faut agir adroitement ;
Et puisque avec elle on me laisse,
Je dois m'expliquer franchement.

CHABANNAIS, *à Lionel.*

En toute chose, je professe
Que l'on doit parler clairement ;
Et lorsque ensemble je vous laisse,
C'est m'expliquer suffisamment.

CAMILLE.

Il faut que ce mystère cesse,
Car je n'y comprends rien, vraiment.
Je veux, puisque ensemble on nous laisse,
Qu'il s'explique ici franchement.

CHABANNAIS, *à Anasthase.* Ah çà! veux-tu venir?...

ANASTHASE. Je ne me sens pas bien, mon oncle... j'ai le cœur attaqué !

CHABANNAIS. Mais va donc!...

ANASTHASE, *à part.* Je vais me coller un verre de punch pour me remettre. *(Chabannais entraîne Anasthase et le pousse malgré lui hors du salon. — La nuit vient par degrés.)*

SCÈNE IX.

LIONEL, CAMILLE.

CAMILLE. Enfin, Monsieur, nous voilà seuls, et j'espère que vous allez m'expliquer...

LIONEL. Pourquoi, lorsque vous attendez M. Lionel Durand, c'est moi qui me présente à sa place, usurpant ainsi son nom... et mieux encore, Mademoiselle, la place charmante qu'il occupe dans votre pensée... dans votre cœur...

CAMILLE. Mais, Monsieur, qui a pu vous dire ?...

LIONEL. Qui?... lui, Lionel; il a bien fallu qu'il me mît au courant de tout, qu'il me confiât son amour, ses espérances, puisqu'il ne pouvait pas venir lui-même.

CAMILLE. Il ne pouvait pas?...

LIONEL. Des raisons graves... les motifs les plus sérieux, que vous connaîtrez plus tard, devaient encore le tenir éloigné de vous pendant un jour peut-être... mais la lettre de votre père était formelle... il fallait être à l'heure, ou vous perdre... il n'a pas hésité... il a fait appel à mon dévouement... « Remplace-moi, m'a-t-il dit; conserve-moi celle que j'aimerai toute ma vie!... »

CAMILLE. Et vous avez consenti?...

LIONEL. Dame! pouvais-je refuser, moi, le meilleur ami qu'il ait en ce monde? moi, son guide, son conseil, sa sœur enfin !

CAMILLE. Sa sœur!... vous, Monsieur, vous seriez sa sœur?...

LIONEL. Si vous voulez bien le permettre, Mademoiselle...

CAMILLE. Oh ! c'est impossible! je ne puis vous croire!...

LIONEL. Il faut pourtant bien vous contenter de ma parole...

CAMILLE. Cette démarche... cette tournure décidée... et puis...

LIONEL. Et puis... cette moustache, n'est-ce pas?... Postiche, chère amie, tout à fait postiche...

CAMILLE. Vous, une femme!...

LIONEL.

Air : *Voulant, par ses œuvres complètes.*

Votre taille est souple et bien faite...
La mienne avec vous peut lutter.
Montrez-moi cette main blanchette...
Vos jouvins pourraient me ganter.

CAMILLE.

Une femme!

LIONEL.

Oui, je le répète,
Et, s'il le faut, j'en fais serment,
J'appartiens au sexe charmant...
Et j'en suis des pieds à la tête!

CAMILLE. De la coquetterie!... ça me suffit, je vous crois!...

LIONEL. Alors, parlons de lui!...

CAMILLE. Mais d'abord, pourquoi donc m'avait-il caché qu'il eût une sœur?...

LIONEL. Des raisons... encore des raisons graves... et que vous saurez... plus tard...

CAMILLE. Toujours!...

LIONEL. Nous avons si peu de temps à nous... et il est essentiel de bien nous entendre.

CAMILLE. Que dira mon père?...

LIONEL. Je le crois déjà très-bien disposé en ma faveur... Le plus difficile est fait... puisque ce soir tout devait être rompu, et que, grâce à moi, il n'en est rien... au contraire...

CAMILLE. Mais demain, Monsieur?...

LIONEL. Mademoiselle, s'il vous plaît!...

CAMILLE. Ah! c'est vrai... Mademoiselle...

LIONEL. Demain, mon frère sera libre; demain, nous nous jetterons aux genoux du papa; et s'il résiste, s'il se fâche... il aura affaire à moi, morbleu!

CAMILLE. Je l'entends qui revient avec toute la société...

LIONEL. Vite! je reprends mon rôle d'amoureux. Vous, ma chère petite, soyez prudente, et pas un mot qui puisse nous trahir...

CAMILLE. Je vous le promets, Mademoiselle.

LIONEL. Monsieur, maintenant... Diable! ne confondons pas!...

CAMILLE. Oui, Monsieur, oui... Oh! mais, quelle aventure!

SCÈNE X.

LES MÊMES, ANASTHASE, CHABANNAIS; *puis* POUPARDIN, HENRI *et* TOUTE LA SOCIÉTÉ.

(*Anasthase entre précipitamment; il tient à la main un châle et a un chapeau de femme sur la tête.*)

CHABANNAIS, *le suivant.* Anasthase... est-ce que le punch te monte à la tête... tu te promènes avec la capote de madame Poupardin!...

ANASTHASE. Eh! je ne la mange pas, sa capote... (*Il la jette sur un fauteuil.*)

CHABANNAIS, *passant entre Camille et Lionel.* Eh bien?...

LIONEL. Ah! Monsieur, je suis le plus heureux des hommes!

CHABANNAIS. Et toi, bichette?

CAMILLE, *baissant les yeux.* Moi, papa?...

CHABANNAIS. Bien... bien!... je comprends... Alors, à demain le contrat...

ANASTHASE, *à part.* Ah! quel coup!... (*Il se laisse tomber sur le fauteuil et écrase la capote.*)

POUPARDIN, *à Anasthase.* Malheureux! qu'est-ce que vous faites!... (*Prenant la capote.*) C'est ma femme qui va rire!... une capote neuve! (*Il cache la capote derrière lui.*)

HENRI, *entrant et à la cantonade.* Vous me préviendrez, je vous prie, quand le cheval sera attelé!... Messieurs, je vous annonce une nouvelle désastreuse... depuis un quart d'heure, sans que nous nous en doutions, il pleut à torrents.

TOUS. Ah! mon Dieu!

CHABANNAIS, *allant à la fenêtre.* C'est, ma foi, vrai! Notre bois est devenu un lac, un océan...

POUPARDIN. Un océan!... c'est le mot.

CHABANNAIS. Et voilà justement le dernier train qui part!...

POUPARDIN. Qu'allons-nous devenir?...

HENRI. J'ai bien ma voiture... mais elle ne contient que deux places...

POUPARDIN. Je regrette les coucous...

CHABANNAIS. Mes amis, une idée lumineuse! je vous offre à tous l'hospitalité. Les hommes dormiront sur les fauteuils, sur les chaises; on fera des lits à terre pour les dames... ce sera charmant; et demain matin, après un bon déjeuner, je vous invite tous à une petite fête de famille... Je vous conterai ça... Voyons, est-ce adopté?

TOUS. Adopté! adopté!

POUPARDIN. Je demande qu'on sépare les sexes.

CHABANNAIS. C'est entendu.

POUPARDIN, *à part.* Ma femme se vengerait sur moi des infortunes de sa capote.

CHABANNAIS. Anasthase!

ANASTHASE, *à part.* Encore de la besogne pour moi.

CHABANNAIS. Va vite donner les ordres.

ANASTHASE. Oui, mon oncle... (*A part.*) Je vais me recoller un verre de punch!... (*Il sort.*)

HENRI. Malheureusement, mon bon monsieur Chabannais, je ne puis pas être de la partie...

CHABANNAIS. Allons donc!... la diplomatie ne travaille pas la nuit...

HENRI. Au contraire! c'est souvent la nuit que se traitent les affaires les plus délicates...

LIONEL. Et Monsieur a peut-être quelque mission de ce genre à remplir?...

HENRI. Je ne dois être que témoin dans celle-là... mais elle n'en est pas moins importante... car il s'agit de savoir si la Russie l'emportera sur les nations alliées.

CHABANNAIS. Fichtre!...

POUPARDIN. Est-ce qu'il y aurait du nouveau?

HENRI. Apprenez, Messieurs, qu'un célèbre général, le prince Gobéonoff, que j'ai eu l'occasion de connaître assez intimement en Russie, vient d'arriver à Paris, chargé d'une mission très-importante.

TOUS, *avec intérêt.* Ah! vraiment?

POUPARDIN. Un général russe!

HENRI. J'ai l'avantage de souper avec lui ce soir.

CHABANNAIS. Ah! malheureux!

Air de *l'Écu de six francs.*

De la politique étrangère
Redoutez ce représentant.

HENRI.

Il vient, d'une troupe légère,
En qualité de commandant,
Parfaire ici le contingent.
Il lui faut des sujets ingambes...

CHABANNAIS.

Viendrait-il, manquant de soldats,
En France recruter des bras?

HENRI.

Non, il vient recruter des jambes!

TOUS. Des jambes!...

HENRI. Oui, Messieurs, des jambes vives et délicates qui ont déjà, dit-on, fait tourner bien des têtes, les jambes d'une célèbre danseuse espagnole.

CHABANNAIS. Une danseuse espagnole!... celle peut-être dont il était question dans le journal.

HENRI. Précisément... une merveille... une étoile!...

LIONEL. Vous l'avez vue, Monsieur?...

HENRI. Non; mais il n'est bruit que de sa grâce, de son talent... On la dit même fort spirituelle...

LIONEL. C'est assez rare pour une danseuse.

HENRI. Et je me fais une véritable fête d'admirer ce phénomène.

LIONEL. Où donc?...

HENRI. Chez elle!... ce soir même... après souper... Elle a consenti à danser devant mon ami le général, qui m'a offert gracieusement d'être de la partie. Vous comprenez que je me suis empressé d'accepter cette bonne fortune.

CHABANNAIS. Oui... oui... je vous crois un penchant prononcé pour la chorégraphie.

BENJAMIN, *entrant.* La voiture de Monsieur est prête...

ANASTHASE, *rentrant très-animé, avec une bougie de chaque main.* Ainsi que le dortoir des dames.

CHABANNAIS. Allons, cher ami, je vous rends votre liberté... Mais à demain... vous savez?... votre présence est indispensable.

HENRI. Comptez sur moi... (*Il va prendre congé des invités.*)

CAMILLE, *bas, à Lionel.* Demain, vous entendez?...

LIONEL, *de même.* Soyez sans crainte. (*Passant auprès de Chabannais et saluant.*) Monsieur... Mademoiselle...

CHABANNAIS. Oh! non... oh! par exemple, non!.. vous n'avez pas de danseuse à aller admirer... je vous garde!...

LIONEL, *embarrassé.* Mais, Monsieur...

CHABANNAIS. Allons donc, jeune homme, pas de façons... (*A l'oreille.*) Vous devez être enchanté, ravi!... Demain matin nous conviendrons de tout... (*Haut.*) D'ailleurs, je vous mets sous clé... dans ce pavillon... avec Anasthase... Je te confie Monsieur!...

ANASTHASE. Oui, mon oncle... (*A part.*) J'ai un plan féroce!

LIONEL, *à part.* Me voilà bien!

CAMILLE, *à part.* Elle!... toute la nuit avec mon cousin!...

ENSEMBLE.

Air :

Séparons-nous, l'esprit joyeux;
Bravons en ces lieux
Le vent, la tempête!
Ici, demain, nouvelle fête
Va nous réunir.
Bonsoir, allons / allez dormir!

(*Tout le monde sort. Pendant le chœur, Benjamin a apporté un bol de punch, devant lequel se place Anasthase pour le cacher aux regards de son oncle. — Celui-ci sort le dernier, et on l'entend donner un tour de clé en dehors.*)

SCÈNE XI.

LIONEL, ANASTHASE.

LIONEL, *à part.* C'est qu'il nous enferme réellement...

ANASTHASE, *à part.* Ce punch, que je destinais à me consoler, va servir à ma vengeance!...

LIONEL, *haut, en apercevant le punch.* Diable! il paraît que vous êtes dans de bonnes dispositions.

ANASTHASE. Mais-z-oui! mais-z-oui!

LIONEL, *à part.* Le temps marche, l'heure avance... comment m'échapper... sans scandale... avec cet imbécile pour gardien?

ANASTHASE, *à part.* Je veux qu'il boive, qu'il fume... je veux lui gagner son argent et le perdre dans l'opinion!

LIONEL, *à part.* Tiens! une idée... Ce gaillard-là me semble déjà pas mal animé... si je pouvais...

ANASTHASE. Jeune homme, fumez-vous?

LIONEL, *à part.* Ah! il y vient de lui-même!

ANASTHASE. Vous ne répondez pas...

LIONEL. Si je fume?... parbleu!

ANASTHASE. Très-bien... je vais sonner, demander des cigares... (*A part.*) Il fume! bon!

LIONEL, *l'arrêtant.* Inutile!... j'en ai là... (*A part, en tirant son porte-cigares.*) Ceux de mon frère. (*Haut, en le présentant ouvert à Anasthase.*) A votre service, Monsieur.

ANASTHASE, *prenant un énorme cigare.* Bigre!

LIONEL. Quoi donc?

ANASTHASE. Ils sont de taille... (*A part.*) Moi qui ne fume que la cigarette de camphre.

LIONEL. Est-ce que mes régalias vous font peur?

ANASTHASE. Par exemple!

Air : *Adieu, je vous fuis.*

Me prenez-vous pour un gamin?
Du vrai fumeur j'ai les principes,
En me levant, chaque matin,
Je culotte deux ou trois pipes!...

LIONEL.

Tant que cela?

ANASTHASE, *en fumant.*

Quoi d'étonnant!

(*A part.*)

Ils sont d'une raideur extrême...

LIONEL, *à part, en le regardant fumer.*

Il pourrait bien, le punch aidant,
Se culotter aussi lui-même!

ANASTHASE, *versant le punch.* Jeune homme! un verre de punch... sacrrrebleu!

LIONEL. Avec plaisir! morrrbleu!

ANASTHASE, *à part.* Il fume, il boit... bon!... deux fameux défauts dont je prends note!

LIONEL. A votre santé!

ANASTHASE, *se montant de plus en plus.* A la vôtre... petit farceur!.. car vous m'avez l'air diantrement déluré... sans que ça paraisse!

LIONEL. Moi, Monsieur?...

ANASTHASE, *ôtant son habit.* Ouf!.. mettons-nous à notre aise...

LIONEL, *à part.* Ah! mon Dieu!... est-ce qu'il va se déshabiller?

ANASTHASE. Otez!... ôtez!... (*A part, en fumant encore.*) Pristié!... qu'ils sont forts! tant mieux, ça le grisera plus vite!... (*Haut.*) Ah çà! nous n'allons pas rester sur une jambe... (*Il verse.*) c'est malsain!

LIONEL. Oui... je crois que nous n'avons pas trop de deux.

ANASTHASE, *buvant, et à part.* Je veux le réduire à un état dégradant et le servir ainsi à mon oncle... (*Il trébuche.*) Bon!... le voilà qui commence à festonner...

LIONEL, *à part.* Il va bien!

ANASTHASE, *ôtant son gilet.* Bah! mettons-nous à notre aise!...

LIONEL. Dites donc..., dites donc... c'est qu'à force de vous mettre à votre aise...

ANASTHASE. Eh bien... quoi?... entre-z-hommes... Otez!... ôtez!

LIONEL, *à part.* Ça devient gênant...

ANASTHASE. Jeune homme... jouez-vous?...

LIONEL. Moi?...

ANASTHASE. Je parie que vous jouez?

LIONEL. Quelquefois...

ANASTHASE, *prenant un jeu sur la cheminée.* Tenez, voilà des cartes... Du punch... et un lansquenet... mille carabines!... Je risque un franc!... (*Il boit.*)

LIONEL. Un franc!... allons donc... Nous, des viveurs... des lions... jouer un franc!...

ANASTHASE, *à part.* Fameux!... il joue aussi!... (*Haut.*) Allons, va pour trente sous!

LIONEL. Je mets un napoléon...

ANASTHASE. Bigre!

LIONEL. Vous reculez!...

ANASTHASE, *jouant.* Du tout... (*A part.*) Il va se faire plumer... l'innocent!... et demain... enfoncé... démoli aux yeux de la famille!

LIONEL, *jouant.* Un refait!... vous avez perdu!

ANASTHASE. Hein?... perdu!... Ma revanche, sacrebleu!... et mettons-nous à notre aise!... Otez! ôtez!... (*Il ôte sa cravate.*)

LIONEL. Je suis très-bien comme ça... merci...

ANASTHASE.

Air de *la Fête du village voisin.*

Versez encor ce nectar salutaire!

LIONEL.

Passons la nuit les cartes à la main!

ANASTHASE.

Bravo! jeune homme!...
(*A part.*)
Et dès demain matin
Je dis tout au papa beau-père!

LIONEL, *à part.*

Il devient charmant,
Et du punch, vraiment,
Sur sa raison le charme opère!

ANASTHASE.

Fumer nuit et jour,
Chanter tour à tour
En gai troubadour
Le vin et l'amour.

ENSEMBLE.

Voilà, mes amis,
Le viveur de Paris!

LIONEL, *à part, allant écouter à la porte.* Plus de bruit dans la maison!... et dans un moment, je crois que mon geôlier...

ANASTHASE, *à part, et se soutenant à peine.*

Air précédent.

Est-ce l'effet du punch ou du cigare?
Je vois d'ici qu'il chancelle déjà!

LIONEL, *à part.*

Il n'en a pas, à jouer ce jeu-là,
Pour bien longtemps, je le déclare.

(*Anasthase se heurte contre un fauteuil et tombe assis.*)

ANASTHASE.

Il a trébuché,
Le voilà couché!

LIONEL, *à part.*

De ses yeux le sommeil s'empare!...

(*Regardant Anasthase, et parlant pendant que l'orchestre continue.*)

Oui, vraiment, le voilà parti!... (*Une horloge sonne au loin.*) Onze heures! je n'ai pas un instant à perdre...

ANASTHASE, *rêvant.* Le malheureux!... est-il rond!... est-il rond!...

LIONEL, *ouvrant la fenêtre.* Quelques pieds d'élévation seulement, ce n'est rien. (*Allant reprendre son chapeau.*) Bonne nuit, mon brave, et ne faites pas de mauvais rêves.

ANASTHASE. Ah! le gueux de cigare!...

LIONEL, *sur la fenêtre.* J'ai assez travaillé pour mon frère... maintenant pensons à moi!

ANASTHASE.

Voilà, mes amis,
Les viveurs de Paris!

(*Pendant qu'il chante, Lionel saute, et le rideau baisse.*)

FIN DU PREMIER ACTE.

ACTE DEUXIÈME.

Un riche salon à l'hôtel des Princes. Une cheminée sur laquelle sont des bougies allumées, etc.

SCÈNE PREMIÈRE.

FRASQUITA, *en peignoir, assise à droite.* CHARLOTTE, *debout derrière elle et achevant de la coiffer. Le costume d'homme de Frasquita est jeté en désordre sur un fauteuil.*

FRASQUITA. Eh bien! voyons, Charlotte, as-tu fini de me coiffer?

CHARLOTTE. Mon Dieu, comme Madame paraît agitée!

FRASQUITA. Ah! c'est qu'il m'est arrivé des choses!... une rencontre si extraordinaire, si imprévue!...

CHARLOTTE. Une rencontre?

FRASQUITA. Je te dirai ça. Dépêche-toi! J'attends du monde à souper.

CHARLOTTE. Ah! oui, ces directeurs étrangers qui se disputent votre talent.

FRASQUITA. Cette soirée est très-importante pour moi. Il s'agit d'un riche engagement... du bonheur, de la liberté de mon frère. L'étourdi! souscrire pour dix mille francs de lettres de change!... se faire mettre à Clichy, au moment de contracter un mariage avantageux!... Sans moi, sans cette idée qui m'est venue de me présenter à sa place, tout était perdu. Enfin... je paierai.

CHARLOTTE. Comment, Madame aurait encore la faiblesse?...

FRASQUITA. Il le faut bien!... Est-ce que je puis le laisser là?...

CHARLOTTE. Après tout ce que vous avez fait pour lui!

FRASQUITA. Eh bien! oui, je le sais, c'est un écervelé, c'est un fou!... mais, que veux-tu? il n'a que moi. Je suis son aînée... Et quand, à la suite de mauvaises affaires, mon pauvre père est mort en nous laissant tous deux sans ressources, je lui ai promis de veiller sur Lionel. Afin qu'il pût compléter son éducation, je travaillais sans relâche. Plus tard, si j'ai voulu faire fortune, si je me suis décidée à entrer au théâtre, c'était pour lui créer une position, pour l'établir.

CHARLOTTE.

Air de *la Robe et les bottes.*

De vos bontés bien souvent il abuse...

FRASQUITA.

Il changera.

CHARLOTTE.

Ce sont à chaque instant
De nouveaux torts...

FRASQUITA.

Sa jeunesse l'excuse.

CHARLOTTE.

Vous le gâtez.

FRASQUITA.

C'est vrai, je l'aime tant!
C'est mon enfant presque autant que mon frère,
Et quand j'apprends quelque nouvelle erreur,
Je le gronde comme une mère...
Et puis j'en ris comme une sœur.
Oui, malgré moi, j'en ris comme une sœur.

Enfin il m'a promis que ce serait sa dernière folie... Et d'ailleurs, je compte sur le mariage pour le corriger. Ah! me donner tout ce tracas à mon arrivée!... Pourvu encore que je puisse me procurer cette somme!... Allons, Charlotte, fais-moi bien belle. Ce soir, plus que jamais, je tiens à plaire, à séduire.

CHARLOTTE. Oui, ces directeurs que vous attendez?...

FRASQUITA. Eux... et une autre personne encore.

CHARLOTTE. Qui donc?

FRASQUITA. Tu sais ce jeune homme dont je t'ai parlé, que j'ai connu autrefois à Paris, avant mon départ pour l'Espagne?

CHARLOTTE. M. Henri?

FRASQUITA. Lui-même.

CHARLOTTE. Eh bien?

FRASQUITA. Eh bien! conçois-tu ça? je l'ai revu!

CHARLOTTE. Ah bah!... où donc?

FRASQUITA. Dans cette maison où je suis allée remplacer mon frère.

CHARLOTTE. En voilà un hasard!... et vous a-t-il reconnue?

FRASQUITA. Sous mon costume masculin!... avec mes moustaches!... y penses-tu! Mais ce qu'il y a de plaisant, c'est qu'il va venir.

CHARLOTTE. Ici?

FRASQUITA. Oui, attiré par ma réputation de danseuse espagnole, et présenté par le général Gobéonoff, sans se douter que la senora Frasquita, l'étoile de l'Andalousie, comme on m'appelle en style de réclames, n'est autre que cette petite ouvrière, son ancienne passion du bal de Ville-d'Avray, cette Virginie qu'il a trahie, abandonnée...

CHARLOTTE. Il va être bien surpris.

FRASQUITA. Et moi, comme je vais l'intriguer, le tourmenter à mon tour!

CHARLOTTE. Madame ne l'aime donc plus?

FRASQUITA. L'aimer?... ah! ah! ah! quelle folie!... Lui qui s'est joué si indignement de ma crédulité, de mon cœur !... lui, qui m'a quittée sans ménagements... sans explication... sans même daigner me dire adieu !... Certainement, ce soir, en le retrouvant tout à coup, je n'ai pu me défendre d'une certaine émotion.

CHARLOTTE. Dame! c'est clair, un premier amour...

FRASQUITA. Mais je me suis bien vite reproché cet instant de faiblesse. Et maintenant, je n'ai plus qu'un désir, celui de prendre ma revanche.

CHARLOTTE. Très-bien ! A votre place, je commencerais par le flanquer à la porte.

FRASQUITA. Allons donc !

Air : *Qu'il est flatteur d'épouser celle.*

Le renvoyer ? eh non! ma chère,
Mauvais moyen de le punir!
Chez moi, je prétends, au contraire,
Et le fêter et l'accueillir.
Par ma grâce vive et piquante
Je veux qu'il demeure ébloui;
Enfin je veux être charmante...
Afin de me venger de lui !

CHARLOTTE. Comment! vous venger ?... mais...

FRASQUITA. Chut!... une voiture entre à l'hôtel.

CHARLOTTE, *allant regarder à une fenêtre à gauche.* Sans doute celle de notre prince russe.

FRASQUITA. Déjà !... Eh ! vite, sauvons-nous!... Je ne veux pas qu'on me voie ainsi.

CHARLOTTE. Soyez tranquille, Madame, j'ai dit à Jean de faire attendre.

FRASQUITA, *montrant les effets qui sont sur le fauteuil.* Emporte ces vêtements... ce chapeau...

CHARLOTTE, *s'empressant.* Oui, Madame.

ENSEMBLE.

Air du *Quadrille espagnol.*

FRASQUITA.

Vite, à ma toilette!
Adroite et coquette,
Battons en retraite
Pour mieux réussir!
Délivrer un frère,
Conclure une affaire,
Se venger et plaire,
C'est triple plaisir!

CHARLOTTE.

A votre toilette!
Adroite et coquette,
Battez en retraite, etc.

(*Elles sortent par la gauche. — La porte du fond s'ouvre et un domestique introduit Gobéonoff.*)

SCÈNE II.

GOBÉONOFF, UN DOMESTIQUE.

GOBÉONOFF, *en tenue de soirée, et tout chamarré de décorations étrangères, un gros bouquet à la main, entrant et très-gourmé.* Annoncez le général Gobéonoff.

LE DOMESTIQUE. Madame prie Monsieur d'attendre un moment.

GOBÉONOFF. C'est bien... Ah!... Cosaque!... non... domestique!... j'attends quelqu'un... un jeune homme de mes amis. Vous le ferez entrer.

LE DOMESTIQUE. Oui, Monsieur. (*A part, en sortant.*) A-t-on vu ce Kalmouk, qui m'appelle Cosaque! (*Il sort.*)

SCÈNE III.

GOBÉONOFF, *seul.* C'est donc ce soir que la belle Frasquita va développer devant moi ses grâces les plus... andalouses ! ah! cette idée me bouleverse, me volcanise!... J'ai pris un bouquet... ce que j'ai trouvé de plus beau... les femmes, les danseuses surtout, sont sensibles à ce genre de... monstruosités. Et je ne dois rien négliger pour l'engager à... s'engager avec moi. Je suis sûr qu'elle fera fureur à la cour du czar, (*Il ôte son chapeau.*) mon auguste maître. Nous avons eu Fanny Essler, une Allemande... nous avons eu Taglioni, une Italienne... mais nous n'avons jamais eu d'Espagnole... L'Espagnole manquait à la collection moscovite... et surtout à la mienne... Je trouve assez bon de nous la payer... Ce sera peut-être cher... mais un prince russe ne regarde pas à la dépense... quand c'est le czar (*Il ôte son chapeau.*) qui paie... Pourvu que Henri ne me fasse pas faux bond ! Il est diplomate, je ne me crois pas un complet imbécile... et ce sera bien le diable... après le champagne, quand nous serons seuls avec elle... si nous ne la décidons pas à me suivre... (*Le domestique ouvre la porte du fond, et introduit Swettborn.*)

SCÈNE IV.

GOBÉONOFF, SWETTBORN, *puis* GAMBETTI.

SWETTBORN, *avec un bouquet, entrant, et au domestique.* Yes!... wery well!... je attendais que Milady il ait fini son toilette.

GOBÉONOFF, *à part.* Quel est ce gentleman?

SWETTBORN, *à part.* Oh!... je étais pas seul!

GOBÉONOFF, *à part.* Un bouquet!... serait-ce un concurrent?

SWETTBORN, *à part.* Je étais extrêmement beaucoup fort embêté de trouver là cette Monsieur.

GAMBETTI, *entrant avec un bouquet; au domestique qui lui ouvre la porte.* Mille grazzie ! z'attendrais oune éternité pioutôt qué dé déranzer la Signora oune soule minoute.

GOBÉONOFF, *à part.* Encore un!... encore un bouquet!

SWETTBORN, *à part.* Oh! God!... je étais doublement embêté!

GAMBETTI, *s'avançant, et à part.* Corpo di Bacco! z'avais compté sour oun tête-à-tête, et jé mé trouve en face dé deux introus!

GOBÉONOFF, *à part.* Que diable viennent-ils faire ici?

GAMBETTI, *à part.* Né laissons pas deviner mes prozets.

SWETTBORN, *à part.* Je ne voulais pas ouvrir le bouche.

GOBÉONOFF, *à part.* Restons boutonné.

GAMBETTI, *à part, regardant son bouquet.* N'importe!... la diva séra, zé crois, sarmée dé cette attention délicate. Z'ai pris cé qué z'ai trouvé dé piou gigantesse.

SWETTBORN, *à part.* Je siouppose que Milady sera très-fort satisfait de mon galanterie. Je avais acheté le pious violoumineuse.

GOBÉONOFF, *à part.* Ils ont des intentions, c'est sûr. Imposons-leur par ma tenue. (*Il remet son chapeau sur sa tête. Swettborn, qui le regarde, remet le sien.*)

GAMBETTI, *les imitant, et à part.* Essange dé poulitesse!

GOBÉONOFF, *à part.* Hum!... j'espère bien que ces drôles-là ne seront pas du souper! (*Il s'étale tout de son long dans un fauteuil.*)

SWETTBORN, *à part.* Oh!... je trouvais cette Monsieur shoking! Je allais retourner à lui le complimént. (*Il va s'asseoir près de la cheminée et met ses pieds dessus.*)

GAMBETTI, *qui a suivi tous leurs mouvements, et à part.* Ma ché!... ces Signors ils sont sans zêne. Jé pourrais aussi mé cousser sour lé parquet... ma zé respette la dignité de mon caratère. (*Il prend une chaise, la met entre ses jambes et se balance. Moment de silence.*) Voilà un trio qui né féra pas grand brouit!

SCÈNE V.

LES MÊMES, HENRI.

HENRI, *entrant par le fond.* Au salon!... bien!... merci!... (*Tout le monde se lève.*)

GOBÉONOFF, *allant à Henri.* Ah! c'est vous, cher!... arrivez donc!

GAMBETTI, *à part.* Oun autre!

SWETTBORN, *à part.* Je étais tombé dans une meeting!

HENRI, *à Gobéonoff.* Pardon de m'être fait attendre; mais j'ai été retenu. Du reste, je vois avec plaisir que vous étiez en compagnie. (*Bas.*) Quels sont ces Messieurs?

GOBÉONOFF, *bas.* Je ne sais; nous n'avons pas échangé une parole.

HENRI. Ah bah! vraiment? vous restez-là?...

GOBÉONOFF, *bas.* Des rivaux... des concurrents, j'en ai peur.

HENRI. Et vous ne cherchez pas à vous en assurer?

GOBÉONOFF. Mais comment?

HENRI. Eh! parbleu, le meilleur moyen de savoir qui ils sont, c'est de leur dire qui nous sommes.

GOBÉONOFF. Permettez, cher ami...

HENRI, *sans l'écouter, et saluant.* Messieurs, Henri de Rieux, secrétaire d'ambassade. (*Gambetti et Swettborn s'inclinent.*) M. le général Gobéonoff, directeur du théâtre impérial de Saint-Pétersbourg.

SWETTBORN, *à part.* Oh! God!

GAMBETTI, *à part.* Diavolo!

GOBÉONOFF, *à part.* Il avait bien besoin d'aller leur dire...

HENRI. J'espère qu'à leur tour ces Messieurs voudront bien nous faire l'honneur de nous apprendre...

GAMBETTI. Certamente. (*Se présentant.*) Séra-fino Gambetti, primo impressario du théâtre de Naples.

SWETTBORN, *de même.* William Swettborn, citoyen des États-Unis et directeur de la grande théâtre de New-York.

GOBÉONOFF, *à part.* Des directeurs!... je l'aurais parié!

HENRI. Et vous venez, comme nous, faire des propositions d'engagement à notre belle danseuse?

GAMBETTI. Zé mé flatte d'avoir la préférence, quand elle saura que z'ai composé esprès pour elle la mousique d'oun ballet.

HENRI. Ah! Monsieur est aussi compositeur?

GAMBETTI. Si, Signor... et sans la fatalité, zé serais pour lé moins l'égal de Rossini.

HENRI. Vous avez donc fait des opéras?

GAMBETTI. Z'en avais fait oun... le premier zet dé ma jeunesse... oune œuvre dé zénie, tout bonnément.

HENRI. Eh bien, qu'est-il devenu? a-t-il été joué?

GAMBETTI. Monsieur, il a été manzé par les rats.

HENRI. Comment?

GAMBETTI. Dans l'armoire d'oune hôtellerie où zé l'avais laissé en gaze pour ma dépense. Quand zé souis venou per le reprendre, zé n'ai piou trouvé qué des pétites miettes.

Air des *Anguilles.* (Masaniello.)

Ah! quellé racé diavolique!
Si ces animaux destrutteurs
Dévorent ainsi la mousique,
Quel tort per nos compositeurs!

Alors les hommes dé génie
Dévront mettre en leurs opéras,
Non-seulément dé l'harmonie,
Mais encor dé la mort-aux-rats!

GOBÉONOFF, *dédaigneusement, à Gambetti.* Mon cher, si vous n'avez que des notes à mettre en avant pour séduire la belle Frasquita, le czar, mon maître, a des honneurs et des roubles.

GAMBETTI. C'est bièn qualche chose; ma...

GOBÉONOFF, *avec hauteur.* Comment, ma?

SWETTBORN, *cherchant.* Ma?

GAMBETTI. Jé fais oune pétité réticence, jé dis : Ma...

SWETTBORN, *à Henri.* Jé né comprénais pas bien ce qué loui voulait dire avec son : Ma...

HENRI. C'est une locution italienne qui signifie : mais.

SWETTBORN. Oh! yes!... très-bien!... Jé avais cru que loui il parlait du mât d'une vaisseau.

HENRI, *gaiement.* Allons, Messieurs, la concurrence est ouverte.

SWETTBORN. Yes!... le concurrence il était ouverte; but... (*Prononcer botte.*)

GAMBETTI, *cherchant.* Botte?

GOBÉONOFF, *à Swettborn.* Monsieur, expliquez-vous!

SWETTBORN. Jé disais : il était ouverte, but...

GAMBETTI, *à Henri.* Zé né comprends pas du tout pourquoi il lance sa botte dans la conversation. C'est bien assez de l'avoir misé tout à l'heure sour la seminée.

HENRI. Mais *but*, en anglais, veut dire : mais.

GAMBETTI. Oh! capisco!... zé comprends! ma-botte...

SWETTBORN, *qui pendant ce temps a déroulé une grande affiche.* Regardez ce pétit chose.

GOBÉONOFF ET GAMBETTI. Une affiche!

HENRI, *lisant.* Jenny Lind.

SWETTBORN. Yes... jé avais engagé Jenny Lind. (*Repliant son affiche.*) Et elle avait quitté le Amérique millionnaire.

GOBÉONOFF, *regardant Henri.* Millionnaire!... diable!

SWETTBORN, *montrant d'autres affiches.* Fanny Kemble, millionnaire!... La Cerrito, millionnaire! Tous les artistes qué jé avais engagés, millionnaires!...

HENRI. A ce compte-là, Monsieur, vous devez avoir fait une fortune colossale?

SWETTBORN, *froidement.* Jé avais fait trois fois banqueroute.

GOBÉONOFF, *marchant avec importance.* C'est bien!... c'est bien, Messieurs!... la Russie ne se laisse pas intimider facilement...

HENRI, *riant.* Oui, oui, en effet, vous avez l'esprit de conquête.

SWETTBORN, *riant d'un gros rire.* Oh! yes!... yes!... le Roussie aimait assez le envahissement; but...

GAMBETTI, *à part.* Cé Monsieur il devrait bien sanzer ses bottes.

GOBÉONOFF. Quand je devrais lui faire un pont d'or, je vous enlèverai cette danseuse!

GAMBETTI. Zamais!

SWETTBORN. Vous vantez vous beaucoup!

HENRI, *à Gobéonoff.* Je ne sais pas, général, mais je crois que la sénora Frasquita vous tient au cœur...

GOBÉONOFF, *avec fatuité.* Eh bien! oui, je l'avoue!

HENRI. Elle est donc bien jolie?

GOBÉONOFF. Charmante!... le vrai type espagnol... une taille espagnole, des pieds...

HENRI. Espagnols!

GOBÉONOFF. Tout ce qu'il y a de plus espagnols...

HENRI. Et sage?

GOBÉONOFF. Un dragon de vertu!

HENRI. Ah çà! mais votre danseuse se fait bien attendre... on fait antichambre chez elle comme chez un ministre!

GAMBETTI. Zé trouve qué sa toilette se prolonze un peu...

SWETTBORN. Jé étais dans le impatience.

GOBÉONOFF. Que fait-elle donc?... (*Il va entre-bâiller la porte de droite.*) Oh!...

HENRI. Quoi donc?...

SWETTBORN. What?

GAMBETTI. Quésaco?

GOBÉONOFF. Un feutre!

TOUS. Un feutre?

GOBÉONOFF. Oui, je viens d'apercevoir... là... sur une chaise... un chapeau d'un autre sexe...

GAMBETTI. Est-cé qu'ellé serait en conférence avec un quatrième diretteur?

GOBÉONOFF. Ou peut-être avec un adorateur?

SWETTBORN. Oh!... shoking!

HENRI, *riant.* Ah! ah!... dites-donc, général, il paraît que la sagesse... espagnole aussi!

GAMBETTI. La porte s'ouvre.

CHARLOTTE, *entrant et annonçant.* Madame!

TOUS. Ah!...

GOBÉONOFF. Enfin!...

ENSEMBLE.

Air :

La voilà! (*bis.*)
O bonheur! c'est elle!
La voilà! (*bis.*)
C'est la belle
Frasquita!

SWETTBORN.

Le voilà! (*bis.*)
Ce était donc elle!
Le voilà! (*bis.*)
C'est le belle
Frasquita!

SCÈNE VI.

LES MÊMES, FRASQUITA, *en grande toilette.*

FRASQUITA. Buenos dias, Senores.

HENRI, *à part.* Ah! ciel!..

GOBÉONOFF, *présentant son bouquet.* Belle dame!...

SWETTBORN, *de même.* Milady...

GAMBETTI, *de même.* Illoustrissime Signora...

FRASQUITA. Comment, Messieurs, des bouquets!...

HENRI, *à part.* Est-ce un rêve?... une illusion?...

FRASQUITA. C'est fort galant!... on voit bien que nous sommes en France.

SWETTBORN. Oh! vous dévez être habitouée à ce galanterie.

GAMBETTI. On a dû vous zeter bien souvent des bouquets.

FRASQUITA. Des bouquets?... en Espagne?.. on ne nous jette que des chapeaux.

GOBÉONOFF. Comment?

GAMBETTI. Des çapeaux?

FRASQUITA. Oui, lorsqu'on est content d'une danseuse... ou d'un taureau... on lui jette son chapeau, en guise de fleurs.

SWETTBORN. Oh!... ce était un drôle d'habitioude!

GAMBETTI. C'est uné modé dé çapéliers.

GOBÉONOFF, *à part.* Des chapeaux!... celui de tout à l'heure ne me sort pas de la tête.... Enfin...

HENRI, *à part.* Les mêmes traits!... la même voix!...

FRASQUITA, *à part.* Comme il me regarde!

GOBÉONOFF. Permettez-moi de vous présenter un jeune diplomate de mes amis, M. Henri de Rieux.

FRASQUITA, *saluant et très-froidement.* Monsieur...

HENRI, *à part.* Pas la moindre émotion!...

GOBÉONOFF. Votre célébrité le rendait désireux de vous voir, et j'ai pris la liberté...

FRASQUITA. Comment donc, général, vous avez bien fait!... je serai charmée de faire connaissance avec votre ami.

HENRI, *très-interdit.* Madame... trop heureux de... (*A part.*) Oh! c'est elle!... c'est bien elle!

GOBÉONOFF. Qu'avez-vous donc, cher?

HENRI. Moi?... rien...

GOBÉONOFF. Vous paraissez agité.

FRASQUITA. En effet...

GAMBETTI. L'aspect dé l'astre il l'éblouit.

SWETTBORN. Oh! yes!.. lé Français il était très-impressionnable.

HENRI. Pardon!... mais il me semble avoir déjà eu le plaisir de voir Madame.

FRASQUITA. Vraiment? Monsieur est allé en Espagne?

HENRI. Non... mais il y a cinq ans?... à Paris?..

FRASQUITA. C'est la première fois que j'y viens.

HENRI. La première fois!...

GOBÉONOFF. Eh! oui, parbleu!...

GAMBETTI. La prima volta, certainément.

SWETTBORN. Ce était annoncé dans toutes les gazettes.

HENRI. En vérité, je crois rêver!... Madame ressemble tellement à une jeune fille...

GOBÉONOFF. Espagnole?

HENRI. Eh non!... une jeune ouvrière, du nom de Virginie, que j'ai connue autrefois...

GOBÉONOFF, *riant.* Ah! ah!... un souvenir de jeune homme!...

FRASQUITA, *de même.* La grisette élémentaire...

GOBÉONOFF. Allons donc, mon cher, vous êtes fou!... Elle!... une Parisienne!... mais voyez donc cet œil!... ce teint méridional!...

GAMBETTI. Cetté désinvolture... et cet açent!

SWETTBORN. Oh! yes!... le accent elle était tout à fait andalouse!

HENRI. Mais c'est qu'au contraire, je trouve que, pour une Espagnole, Madame parle le français avec une pureté...

FRASQUITA. Oh!... le français est aujourd'hui la langue universelle... je l'aime beaucoup... et je la cultive depuis ma plus tendre enfance.

Air de *Madame Favart.*

Ainsi, Monsieur, je le regrette,
Vos souvenirs vous ont trompé.

GOBÉONOFF.

La prendre pour une grisette!

SWETTBORN.

Votre méprise était-il dissipé?

HENRI.

De la nature est-ce un simple caprice?
Je n'en sais rien, mais il est séduisant.
Et du passé je fais le sacrifice
Pour ne plus songer qu'au présent.
Oui, volontiers j'en fais le sacrifice
Pour ne plus songer qu'au présent.

GOBÉONOFF. A la bonne heure!

GAMBETTI. Zé réconnais la cévalerie française!

FRASQUITA. Et le présent, Messieurs, c'est le souper. (*Deux domestiques entrent et apportent une table toute servie.*)

ENSEMBLE.

Air des *Deux Reines.*

Allons, vite, à table!
Que tout regret passé
Soit effacé!
Près d'une hôtesse aimable,
Célébrons à loisir
La joie et le plaisir!

(*On se place. — Frasquita au milieu, entre Gobéonoff et Swettborn; Henri et Gambetti chacun à un bout de la table.*)

GOBÉONOFF, *élevant son verre.* Belle dame, à vos prochains débuts à Saint-Pétersbourg!

GAMBETTI, *de même.* A vos soucès à San Carlo!

SWETTBORN. Moa, jé portais un toast : A vos exhibitions dans le Amérique!

FRASQUITA. Ah! de grâce, Messieurs, ne parlons pas d'affaires... Plus tard nous causerons de cela. Je redeviendrai danseuse et très-spéculatrice, je vous en avertis... mais à table, je n'entends être que votre hôtesse.

GOBÉONOFF. Soit!... je me résigne.

GAMBETTI. Nous attendrons que le souper il soit terminé.

FRASQUITA, *à Henri, qui la regarde.* Eh bien! Monsieur, à quoi pensez-vous donc? vous ne mangez pas.

GAMBETTI. C'est vrai... il né cessé dé vous contempler, la bouché vide... et lé verre plein.

FRASQUITA. Est-ce que vous êtes toujours frappé de cette prétendue ressemblance?...

HENRI. Oui, Madame, oui, je l'avoue... plus je vous regarde, plus je vous entends, et moins je puis croire que vous ne soyez pas...

FRASQUITA. Mademoiselle Virginie?

GOBÉONOFF. Comment, encore!

FRASQUITA, *riant.* Oh! mais, c'est une idée fixe!...

GAMBETTI. Une monomanie!...

FRASQUITA. Il faudra vous faire traiter, Monsieur.

GOBÉONOFF. Que diable, mon cher, faut-il donc vous dire pour vous désabuser?

FRASQUITA. Faut-il vous montrer mes passeports?

GAMBETTI. Ou qué la Signora ellé vous fasse sa biographie?

SWETTBORN. Oh! yès!... contez, contez vos petits aventioures... Céla amiousera-nous beaucoup fort.

GOBÉONOFF. Les aventures d'une danseuse, ça doit être piquant.

FRASQUITA. Oh! mon Dieu, mon histoire est bien simple au contraire.

HENRI. N'importe! et pour ma part, je serai enchanté de la connaître.

GOBÉONOFF. Certainement, belle dame, contez-nous cela.

FRASQUITA. Volontiers, Messieurs. Je pourrais vous dire que je suis la fille d'un noble hidalgo... qui a eu des malheurs... mais mon origine est modeste... Je suis une fille du peuple... une ancienne grisette comme celle dont Monsieur vous parlait tout à l'heure.

GOBÉONOFF. Ah! vraiment?

HENRI, *à part.* Elle l'avoue!

FRASQUITA. Seulement, il y a une petite variante... Au lieu d'être de Paris, je suis de Séville.

HENRI. De Séville?...

GAMBETTI. La ville par essellence!

FRASQUITA. Oui, comme dit le proverbe espagnol :

« El que no ha visto a Sevilla...

GAMBETTI, *continuant.*

« No ha visto maravilla. »

FRASQUITA. « Qui n'a pas vu Séville n'a pas vu de merveille. »

SWETTBORN. Très-bien! mais révenons à vos aventioures.

FRASQUITA. Toute jeune, j'avais de grandes dispositions pour la danse.

HENRI, *à part.* Virginie!...

FRASQUITA. Et les jours de fête, dans mon plus beau costume de manola, parée de ma résille, le cœur joyeux, le grand peigne d'écaille sur le côté, je me rendais au bal.

HENRI, *vivement.* A Ville-d'Avray?...

TOUS. Ah! ah! Ville-d'Avray!

FRASQUITA. Non, à Hermosa, un village des environs de Séville. Là, je me livrais à ma passion favorite... et, je dois le dire, je trouvais des admirateurs.

HENRI, *à part.* Plus de doute!... c'est elle!...

GAMBETTI. Et c'est ainsi que la Signora elle a commencé?

FRASQUITA. Oui, ce fut la source de ma fortune, de ma gloire... le théâtre obscur d'où je devais m'élancer sur une plus vaste arène. Un jour, un maître de ballets, que le hasard avait conduit à ce bal, me vit, me remarqua. Émerveillé de ma grâce, de ma légèreté, il me proposa de le suivre, de me faire débuter au grand théâtre de Madrid. J'hésitai d'abord. Paraître en public, me faire danseuse... cette vie de périls m'effrayait. Mais j'étais seule, orpheline... (*Avec un peu d'émotion.*) Je n'avais rien à compromettre, rien à regretter... (*Gaiement.*) Ma foi, le désir de briller, de devenir célèbre, me tenta. Je partis pour Madrid où, quelques jours après, je débutais au bruit des applaudissements de la foule. Voilà, Messieurs, comment je devins danseuse... voilà comment la petite Téresa de Séville devint la senora Frasquita, l'illustre boléra de Madrid!

TOUS. Très-bien!... parfait!...

GOBÉONOFF. Vous racontez avec une grâce...

HENRI, *à part.* Je comprends!... devant eux, elle ne veut pas renoncer à sa qualité d'Espagnole; mais c'est elle!... c'est Virginie!...

FRASQUITA, *versant.* Et maintenant, du champagne!

GAMBETTI. Et uné séguédille.

GOBÉONOFF. Vous devez en savoir.

FRASQUITA. Certainement! écoutez!

Air du boléro du *Carillonneur de Bruges.*

Ah! qui n'a connu dans Grenade
Le beau bachelier Guiseppé?
Par lui souvent, à l'escalade,

Plus d'un tendron s'est vu trompé,
Plus d'un jaloux s'est vu dupé.
Mais Guiseppé,
Roi de l'aubade,
Fut à son tour bien attrapé.
Eh! eh! eh! eh!
Qui fut trompé?
Ce fut le beau bachelier Guiseppé!

PREMIER COUPLET.

De Mariana,
La gitana,
Le traître avait fait la conquête;
Mais un beau jour
Un autre amour
Vient à lui passer par la tête.
Cavalièrement il la quitte,
Sans réfléchir,
Sans s'occuper si la petite
Peut en mourir.
Ah! qui n'a connu dans Grenade, etc.

DEUXIÈME COUPLET.

Un soir, sans bruit,
Voilà qu'il suit,
Deux ans après, riche mantille;
Et, stupéfait,
Il reconnaît
La gitana, la pauvre fille.
« On ne meurt pas toujours, dit-elle,
« Pour un ingrat! »
Puis, en riant, partit la belle,
Sans plus d'éclat.

ENSEMBLE.

Ah! qui n'a connu dans Grenade
Le beau bachelier Guiseppé?
Par lui souvent, à l'escalade,
Plus d'un tendron s'est vu trompé,
Plus d'un jaloux s'est vu dupé.
Mais Guiseppé,
Roi de l'aubade,
Fut à son tour bien attrapé.
Eh! eh! eh! eh!
Qui fut trompé?
Ce fut le beau bachelier Guiseppé!

(*On se lève. Les domestiques emportent la table.*)

HENRI. Elle est charmante!

GOBÉONOFF. De l'esprit!

SWETTBORN. Le gosier d'un fauvette!

GAMBETTI. Tous lés talents!

FRASQUITA. Cela me rappelle que je me suis engagée à danser devant vous.

GOBÉONOFF ET GAMBETTI. Oh! oui!... oui!...

SWETTBORN. Oh! yes!... une petite... comment que vous disez?... une petite... fricandeau.

GOBÉONOFF. Fandango!

SWETTBORN. Yes!... *Fangando*... (*A Frasquita.*) Une petite fangando, if you please.

FRASQUITA. Le temps de passer mon costume, et je reviens.

ENSEMBLE.

Air de *Tambour battant.* (Hervé.)

Comblez notre attente,
Cédez à nos vœux;
Sylphide charmante,
Brillez à nos yeux!
Nous brûlons d'avance
Ici d'applaudir
Ces pas, cette danse
Qui vous font chérir.

(*Frasquita sort par la gauche.*)

SCÈNE VII.

GOBÉONOFF, HENRI, GAMBETTI, SWETTBORN.

GOBÉONOFF. Elle est adorable!

GAMBETTI. Divine!

SWETTBORN. Déliciouse!

GOBÉONOFF. Et certainement je ne la laisserai pas échapper. Elle viendra à Saint-Pétersbourg!

SWETTBORN. A New-York!

GAMBETTI. En passant primò per Napoli, zé vous lé déclare!

HENRI. Eh! Messieurs, je vous admire!... vous allez, vous vous disputez la proie, vous vous l'adjugez!... Eh bien, et la France?... vous la comptez donc pour rien!...

GOBÉONOFF. La France?... Se mettrait-elle sur les rangs?

GAMBETTI. Aurions-nous un rival à Pariggi?

HENRI. Est-ce que la France n'a pas aussi de la gloire à offrir aux artistes et de l'or à mettre à leurs pieds? N'est-elle pas la terre classique où toutes les illustrations viennent prendre leur diplôme?... qui sait si la charmante Frasquita ne voudra pas, comme tant d'autres, sanctionner sa réputation par la vogue parisienne?

GOBÉONOFF. Comment, mon cher, vous penseriez?...

HENRI. Oh! ce n'est qu'une supposition!... mais enfin il ne serait pas impossible que notre belle étrangère se fixât à Paris. (*A part.*) Et j'espère bien l'y décider.

GOBÉONOFF. Par bonheur, j'ai pris l'avance.

GAMBETTI. Zé souis lé premier en date.

SWETTBORN. Moà, jé avais lé priorité.

GOBÉONOFF. Et avant que vos Parisiens aient songé à elle, je l'aurai engagée.

GAMBETTI. Zé l'aurai enlévée!

SWETTBORN. Jé avais un stéam-boat toute prête pour embarquer elle.

GOBÉONOFF. Vous?... allons donc!... un pareil diamant irait se ternir dans vos pays de pudding ou de macaroni!

GAMBETTI. Bien piutôt qué d'aller danser dévant des ours!

GOBÉONOFF. Des ours!...

GAMBETTI, *le regardant.* Plus ou moins blancs.

SWETTBORN, *riant.* Oh! jé trouvais le plaisanterie capitale!

GOBÉONOFF. Oui, oui, riez, Messieurs!... Je vous ferai bien voir... (*On entend le bruit des castagnettes.*)

HENRI. Silence!... je l'entends.

GOBÉONOFF. En place, Messieurs!

GAMBETTI. Le soleil il s'avance! (*Ils vont s'asseoir de chaque côté du théâtre. Frasquita entre en costume de danse.*)

SCÈNE VIII.

LES MÊMES, FRASQUITA.

(*Elle danse un pas espagnol. Peu à peu, les divers personnages paraissent électrisés. Ils se lèvent.*)

GOBÉONOFF, *pendant la danse.* Charmante!... admirable!...

SWETTBORN, *très-froidement.* Je étais dans le transportement de le exaltation!

GAMBETTI. Ellé férait danser lé Vésouve!

HENRI, *à part.* Oui, voilà bien cette grâce, cet entrain qui m'avait séduit... C'est elle, plus jolie, plus ravissante que jamais! (*Frasquita s'approche de Henri, l'attire en dansant au milieu du théâtre et tourne autour de lui, pendant que, les autres personnages, cédant à l'entraînement, imitent d'une façon comique les poses et les pas de Frasquita, qui finit par tomber dans les bras de Henri.*)

GOBÉONOFF, *applaudissant.* Ah! brava!

GAMBETTI, *de même.* Bravissima!

SWETTBORN, *de même.* Hurra! hurra!

GAMBETTI. Mon ballet il aura un soucès fou!

FRASQUITA, *s'éventant.* Eh bien, Messieurs, mettez aux enchères.

GAMBETTI. Vinti millé francs.

SWETTBORN. Quarante!...

GOBÉONOFF. Cinquante!... une voiture... et trois Cosaques pour vous servir.

TOUS LES TROIS, *parlant à la fois.* Écoutez-moi, consentez à m'entendre... Décidez-vous en ma faveur.

FRASQUITA. Eh! Messieurs, Messieurs, ne parlez pas tous à la fois!... Passez dans mon boudoir, rédigez vos propositions, et je donnerai la préférence... à la plus avantageuse.

ENSEMBLE.

Air: *À bord, à bord, joyeux corsaires!* (Méduse.)

GOBÉONOFF ET GAMBETTI.

Ce/Cé seul mot me/mé rend l'espérance!
Hâtons-nous, et pour obtenir
Sur mes rivaux la préférence,
A prix d'or je/zé veux l'éblouir!

SWETTBORN.

Ce mot me rendait l'espérance!
Je courais, et pour obtenir
Sur mes rivaux le préférence,
Je voulais ici l'éblouir!

FRASQUITA.

Allez donc, et bonne espérance!
Que celui qui veut obtenir
Sur ses rivaux la préférence,
A prix d'or sache m'éblouir!

HENRI, *à part.*

Vainement ils ont l'espérance
De l'emmener, de l'éblouir;
En dépit de la concurrence,
Mon amour veut la retenir.

(*Gobéonoff, Gambetti et Swettborn sortent vivement par la droite.*)

SCÈNE IX.

FRASQUITA, HENRI.

FRASQUITA, *à part.* Allons, du sang-froid!... n'oublions pas ce que je me suis promis.

HENRI. Enfin, nous voilà seuls!... (*S'approchant.*) Virginie!

FRASQUITA, *riant.* Ah! ah!... décidément vous y tenez?

HENRI. Pourquoi feindre plus longtemps! J'ai tout deviné, tout compris. Oui, vous êtes cette jeune fille que j'aimais autrefois.

FRASQUITA, *gaiement.* Et que vous avez plantée là.

HENRI. Ah! vous avouez donc?

FRASQUITA. Moi?... pas du tout! je suppose. Et d'ailleurs, vous-même l'avez dit, qu'importe le passé!

HENRI. Au fait, oui, vous avez raison. Il est désagréable pour moi... et, j'en conviens, assez embarrassant pour vous. Ainsi donc, n'en parlons plus! oublions Virginie pour ne nous occuper que de Frasquita.

FRASQUITA. C'est cela! causons de ces engagements... donnez-moi un conseil. (*Avec malice.*) Vous êtes, je crois, pour la Russie?

HENRI. Quoi! sérieusement, est-ce que vous songeriez à quitter Paris?

FRASQUITA. Dame!... sans doute.

HENRI. Qui vous oblige à partir? Pourquoi nous priver de votre talent? Dites un mot, et tous nos théâtres s'ouvriront devant vous... et la foule accourra pour vous applaudir.

FRASQUITA. Vrai? vous croyez que j'aurais ici du succès? que je ferais de l'argent?

HENRI. N'avez-vous pas tout ce qu'il faut pour réussir?

FRASQUITA, *le regardant avec coquetterie.* Vous trouvez?

HENRI. La grâce, le charme, la beauté !...

FRASQUITA, *à part, en souriant*. Nous arrivons!

HENRI. Ne partez pas! restez avec nous!

FRASQUITA. Je vous avoue que Paris me fait peur.

HENRI. Quelle folie!

FRASQUITA. C'est un Minotaure qui dévore tant de réputations!

HENRI. Un seul de vos regards le désarmerait.

FRASQUITA. Encore,s'il ne fallait plaire qu'au public... mais ici, il faut plaire au directeur, plaire aux journalistes, plaire aux auteurs, plaire à tout le monde... Ma foi, c'est effrayant!... et j'aime mieux partir pour l'étranger.

HENRI. De grâce, n'en faites rien!

FRASQUITA. Ah çà! mais je croyais que vous étiez venu pour aider à mon engagement avec la Russie?

HENRI. Ah! c'est qu'alors je ne vous connaissais pas!... je ne vous avais pas vue!...

FRASQUITA, *à part*. De mieux en mieux! (*Haut.*) Et maintenant que vous me connaissez?

HENRI, *avec feu*. Maintenant, je vous supplie de rester.

FRASQUITA, *souriant*. Eh mais!... quelle chaleur!

HENRI.

Air de *Renaud de Montauban*.

A nos plaisirs ne vous dérobez pas!
Et le public, croyez-en ma parole,
Charmé, séduit par chacun de vos pas,
Va vous nommer sa reine et son idole.
Qui? vous, songer à nous fuir sans retour !
Si, dédaignant une sûre victoire,
Vous résistez à la voix de la gloire,
Cédez à celle de l'amour!
Cédez, du moins, cédez à mon amour!

FRASQUITA. Votre amour!... ah! ah! quelle plaisanterie!... une passion subite?

HENRI. Ah! vous savez bien que depuis longtemps, je...

FRASQUITA, *l'interrompant*. Prenez garde!... nous revenons à Virginie... et elle pourrait vous nuire près de Frasquita.

HENRI. Virginie!... eh bien! oui, j'avais résolu de l'oublier... mais en la retrouvant si brillante, si jolie... avec ce regard fascinateur, cette grâce voluptueuse, éclose sous un ciel de feu, mon amour s'est réveillé plus fort, plus ardent que par le passé. Virginie, je l'aimais... mais vous, je vous adore!

FRASQUITA, *à part*. J'ai réussi!

HENRI. Restez ici, où les triomphes vous attendent, où ma tendresse vous enchaîne. Je serais si heureux d'être votre ami, de partager la joie de vos succès!

FRASQUITA. Eh bien! oui... je ne dis pas... Souvent, moi aussi je m'étais fait mon rêve de bonheur... et quand je me voyais admirée, saluée par des bravos dont ma vanité seule était flattée, je me disais : Comme il serait doux de sentir qu'il y a là, dans la foule, un cœur qui bat pour moi... un cœur que je remplis et qui m'aime!

HENRI. Eh bien! un seul mot... et ce rêve peut se réaliser.

FRASQUITA. Ah! si je pouvais croire à votre sincérité... si j'étais sûre d'être aimée réellement...

HENRI. Pouvez-vous en douter?... Frasquita, répondez... car on va venir... vous enlever à moi peut-être... et cette pensée me désole!

FRASQUITA, *à part*. O mon Dieu!... et moi qui voulais me venger!... voilà que son amour a réveillé le mien... et que je suis prête à pardonner!

HENRI. Frasquita, dites-moi que j'ai touché votre cœur... et je tombe à vos pieds... et je jure d'être l'amant le plus tendre, comme vous serez la plus adorée des maîtresses.

FRASQUITA, *à part*. Sa maîtresse!... ah!... et moi, assez faible encore pour songer à lui!...

HENRI. Vous ne répondez pas!... vous hésitez?

FRASQUITA. Non!... non!... je n'hésite plus!... (*A part.*) Sa maîtresse!

HENRI. Et que décidez-vous?... que dois-je espérer?...

FRASQUITA. Silence!... on vient!...

SCÈNE X.

LES MÊMES, GOBÉONOFF, SWETTBORN, GAMBETTI; *puis, à la fin*, CHARLOTTE.

GOBÉONOFF, *avec un papier*.

Air : *Il faut quitter Golconde*. (Aline.)

Voilà, voilà ma signature!
Et le czar la ratifira.
Oui, Pétersbourg, la chose est sûre,
Sur tous ici l'emportera.

GAMBETTI, *entrant avec un papier*.

Voilà, voilà ma signatoure!
Ça vaut de l'or, carissima,
Et Napoli, la sose est soure,
A ses rivaux vous souffiera.

SWETTBORN, *entrant et donnant aussi un papier à Frasquita*.

Voilà, voilà mon signature!
Lé engagement vous plaira.
Et l'Amérique il était sûre
Que sur tous il l'emportera.

GOBÉONOFF, *à Henri*. Je suis sûr d'avoir la préférence.

GAMBETTI, *à Henri*. Zé parierais pour moi.

SWETTBORN, *à part, froidement*. Moâ, jé avais tranché le question.

FRASQUITA, *qui a lu les propositions, lisant la dernière et à part*. Que vois-je!... des bank notes! Vingt mille francs d'avance.

GOBÉONOFF ET GAMBETTI, *s'approchant.* Eh bien?

FRASQUITA, *souriant.* Eh bien! Messieurs, je me décide.

GAMBETTI. Pour Naples?

GOBÉONOFF. Pour la Russie?

HENRI, *bas, avec passion.* Pour Paris, n'est-ce pas?

FRASQUITA, *lui tournant le dos.* Pour l'Amérique.

TOUS, *excepté Swettborn.* Ciel! (*Swettborn se frotte les mains avec satisfaction.*)

HENRI, *à Frasquita.*

Air de *Renaud de Montauban.*

Mais en partant, vous me brisez le cœur!

FRASQUITA, *ironiquement.*

Vous ne perdez, Monsieur, qu'une maîtresse,
Et c'est si peu!

HENRI.

Pitié pour ma douleur!

FRASQUITA, *à part.*

N'écoutons rien! point d'indigne faiblesse!

HENRI.

Ah! de Paris fuirez-vous le séjour
Sans un regret?

FRASQUITA.

Oui; je ne veux plus croire
Qu'à la fortune, aux honneurs, à la gloire...
(*Souriant avec ironie.*)
Je les préfère à votre amour.

(*A part.*) J'en souffrirai peut-être autant que lui... mais, du moins, je serai vengée. Et maintenant, vite, un mot à mon frère pour lui annoncer que demain il sera libre. (*Elle sonne et se met à écrire.*)

GAMBETTI. C'est oune indignité!

GOBÉONOFF. Une trahison!... un cas de guerre!

HENRI, *à part.* A qui donc écrit-elle?

CHARLOTTE, *entrant.* Madame a sonné?

FRASQUITA. Oui... (*Lui donnant la lettre qu'elle vient d'écrire.*) Cette lettre pour M. Lionel Durand. (*Elle lui parle bas.*)

HENRI, *à part.* Lionel Durand! mais ce nom, c'est celui du jeune homme que j'ai vu hier à Auteuil.

GOBÉONOFF, *à Henri.* Un amant, c'est positif.

GAMBETTI, *bas.* Lé propriétairé dou feutre!

HENRI, *à part.* Oh! je le retrouverai! (*L'orchestre joue en sourdine le refrain de la séguédille.*)

FRASQUITA, *saluant, et très-gracieusement.* Messieurs!...

SWETTBORN, *la reconduisant jusqu'à la porte de sa chambre.* Milady... dans une mois, à New-York.

GOBÉONOFF. Le czar va m'envoyer en Sibérie!

GAMBETTI. Zé n'ai piou qu'à me brouler la cervelle! (*Le rideau baisse.*)

FIN DU DEUXIÈME ACTE.

ACTE TROISIÈME.

Un jardin. — Un pavillon à gauche.

SCÈNE PREMIÈRE.

CHABANNAIS, *puis* BENJAMIN.

CHABANNAIS, *l'oreille collée à la porte du pavillon.* Voilà trois fois que je viens écouter à la porte, et je n'entends rien. Ces gaillards-là dorment comme des marmottes. (*A Benjamin, qui traverse avec toutes sortes d'effets d'hommes sur les bras.*) Benjamin... as-tu fait ma commission?...

BENJAMIN. Oui, Monsieur; j'ai remis la lettre au premier clerc... il a dit que c'était bien.

CHABANNAIS. Bon; maintenant va vite porter les habits de ces Messieurs; ils attendent peut-être pour se lever. Ensuite tu diras à Madeleine de tenir le café prêt pour neuf heures, et le déjeuner pour midi.

BENJAMIN. Oui, Monsieur. (*Il sort.*)

CHABANNAIS, *seul.* Certainement, je n'ai pas regret d'avoir retenu nos amis à coucher; mais c'est bien du tracas pour un homme qui a pris sa retraite. Avec ça qu'il a fallu donner un de mes matelas... chose très-désagréable. Je n'ai pas fermé l'œil de la nuit. L'idée d'avoir tant de monde dans la maison... et puis le désir de revoir ce jeune Lionel... de causer avec lui du contrat... de la dot... Je ne m'explique pas qu'on puisse dormir si longtemps sur des fauteuils. (*Il retourne écouter à la porte.*) Je crois que j'entends ronfler. Ça doit être Anasthase.

SCÈNE II.

CAMILLE, CHABANNAIS.

CAMILLE, *sans voir son père.* Je suis vraiment très-inquiète... Comment cette pauvre femme aura-t-elle fait?... Enfermée toute la nuit avec mon cousin!... Je voulais d'abord tout avouer à mon père; mais je n'ai pas osé... Maintenant encore, je ne sais comment m'y prendre. S'il allait se fâcher, rompre ce mariage, et revenir à ses premières idées!... (*L'apercevant.*) Ah! c'est lui!

CHABANNAIS, *quittant la porte*. On ne dort pas comme ça... c'est ridicule!... Ah! c'est toi, Camille?...

CAMILLE. Bonjour, papa.

CHABANNAIS, *l'embrassant*. Bonjour, mon enfant.

CAMILLE. Vous avez bien dormi, papa?...

CHABANNAIS. Non! très-mal!... mais il y a des gens plus heureux que moi, à ce qu'il paraît.

CAMILLE. Oui, c'est vrai... je n'ai encore vu personne dans le jardin... pas même mon cousin. Vous ne l'avez pas vu non plus?...

CHABANNAIS. Ton cousin?... c'est ton cousin qui t'occupe?...

CAMILLE. Oh!.. lui... et... d'autres aussi...

CHABANNAIS. M. Lionel, par exemple.

CAMILLE. Est-ce qu'ils sont encore enfermés?... Est-ce que vous ne leur avez pas ouvert?...

CHABANNAIS. Jusqu'à présent, ils n'ont pas donné signe d'existence. Ces Messieurs apparemment n'aiment pas à voir lever l'aurore; car voilà près d'une heure que je me promène ici, et que je ne rencontre que des moineaux...

CAMILLE. Ainsi, mon père, vous les avez laissés toute la nuit sous clé?...

CHABANNAIS. Oui.

CAMILLE. Tous les deux... dans ce pavillon?...

CHABANNAIS. Eh bien! qu'est-ce qu'il y a?

CAMILLE. Rien... rien... (*A part.*) Comment aura-t-elle fait?...

CHABANNAIS. Il fallait peut-être leur offrir mon second matelas, et dormir sur la paillasse... Du reste, c'est bien la dernière fois... enfin n'importe!... Il n'en mourra pas, sois tranquille, et je vais te dire une chose qui te fera plaisir. Je le trouve très-bien.

CAMILLE. Ah! vraiment?...

CHABANNAIS. Moins bien, à la rigueur, qu'Anasthase; mais enfin, il m'a plu.

CAMILLE. Eh bien, papa, je crois que quand vous le connaîtrez mieux...

CHABANNAIS. C'est inutile... il me va comme ça...

CAMILLE. Oui, je ne dis pas; mais, enfin, M. Lionel ne s'est pas encore montré à vous tel qu'il est... et vous ne pouvez pas l'avoir bien jugé sur l'entrevue d'hier.

CHABANNAIS. Au contraire, je l'ai très-bien jugé!...

Air : *On dit que je suis sans malice.*

Je lui crois un bon caractère ;
Sa gaîté pourra me distraire ;
Et quand je me promènerai
Avec moi je l'emmènerai.
Je sais que le piquet t'ennuie
Le soir il fera ma partie...
Enfin, il ne lui manque rien
Pour mon bonheur... et pour le tien.
(*Se reprenant.*)
Pour ton bonheur et pour le mien!

D'ailleurs il te convient, il me convient, c'est une affaire faite maintenant.

CAMILLE, *à part*. Quel embarras!

CHABANNAIS. Sitôt le jour venu, j'ai envoyé Benjamin chez mon notaire ; il va venir, et nous signerons le contrat ce matin.

CAMILLE. Déjà?...

CHABANNAIS, *surpris*. Quoi! déjà?... toi qui étais si pressée hier, tu me dis : déjà?... Je ne comprends rien aux jeunes filles. J'ai pourtant passé quarante ans dans les bureaux.

CAMILLE, *à part*. Comment faire?... comment le prévenir?...

CHABANNAIS. Ah! je comprends...

CAMILLE. Quoi donc?...

CHABANNAIS. Oui... oui... je me rends compte maintenant de ton déjà... c'est la timidité, sentiment bien naturel à ton âge, chère petite! (*Appelant.*) Benjamin!... Décidément, c'est absurde de dormir comme ça!... il faut les réveiller.

CAMILLE. Tiens! la fenêtre est ouverte!

CHABANNAIS. C'est vrai, je n'avais pas remarqué!... comme c'est imprudent... c'est vouloir gober des rhumes... (*On entend éternuer dans le pavillon.*) Là, j'en étais sûr! (*Criant.*) Benjam... Ah!

BENJAMIN, *qui vient d'entrer avec un moulin à café à la main*. Monsieur désire?...

CHABANNAIS. Va vite ouvrir à nos jeunes gens et dis-leur qu'il est tard... que je les attends ici.

BENJAMIN. Mais, Monsieur, c'est que je mouds.

CHABANNAIS, *lui prenant le moulin, avec impatience*. Allons, voyons, donne-moi ça, et fais ce que je te dis. (*Il se met à moudre, tandis que Benjamin va ouvrir.*)

CAMILLE, *à part*. Je ne suis pas fâchée de savoir comment elle s'en sera tirée.

CHABANNAIS, *sans s'apercevoir qu'il répand le café à terre*. Je n'ai jamais vu de garçon plus emprunté, plus maladroit que ce Benjamin.

CAMILLE, *vivement*. Ah! papa, qu'est-ce que vous faites?...

CHABANNAIS. Ah!... c'est sa faute aussi, à cet imbécile!... (*Il ramasse le café et le remet dans le moulin. On entend Anasthase et Benjamin dans le pavillon et parlant ensemble.*)

BENJAMIN. En voilà du dégât! c'est une abomination!

ANASTHASE. Oui! c'est une abomination!...

BENJAMIN. Et je vais tout dire à Monsieur!

ANASTHASE. Je vais tout dire à mon oncle!

CAMILLE. Ah! mon Dieu! qu'est-ce qu'il y a donc?...

CHABANNAIS. On se querelle là-dedans?...

SCÈNE III.

LES MÊMES, ANASTHASE, *encore tout pâle, et à moitié habillé.*

ANASTHASE. Dieu ! que j'ai mal à la tête !

CAMILLE. Ah ! ciel ! quelle toilette !

CHABANNAIS. Et quel air effaré !.. Eh bien ! et M. Lionel ?

ANASTHASE. Eh bien ! il est gentil votre M. Lionel !

CHABANNAIS. Quoi ?... que signifie ?...

CAMILLE. M. Lionel ?... Est-ce qu'il n'était pas avec vous dans le pavillon ?...

ANASTHASE. Il y était, mais il n'y est plus !...

CHABANNAIS. Comment ?...

CAMILLE. Il est parti ?...

ANASTHASE. Par la fenêtre !...

CHABANNAIS. Allons donc !

CAMILLE. Vous l'avez vu ?...

ANASTHASE. C'est tout comme, puisque tout à l'heure, en m'éveillant, j'ai trouvé la fenêtre ouverte... (*Il éternue.*) et personne dans la chambre, que moi.

CHABANNAIS. C'est extraordinaire !...

CAMILLE, *à part.* Où sera-t-elle allée ?...

ANASTHASE. Du reste, il a aussi bien fait de filer... quand on se conduit comme lui !...

CHABANNAIS. Qu'est-ce qu'il a donc fait ?...

ANASTHASE. Ce qu'il a fait ?... tenez... en voilà un échantillon. (*Il montre Benjamin qui sort du pavillon avec un plateau chargé de débris qu'il emporte.*)

CHABANNAIS. Des tasses, des verres cassés !...

BENJAMIN. Et le guéridon renversé sur le tapis... on dirait qu'on s'est battu là dedans... (*Il sort.*)

CHABANNAIS. Battu !

CAMILLE. Expliquez-vous, mon cousin, car enfin tout cela est fort étrange...

CHABANNAIS. D'abord, pourquoi oses-tu t'offrir dans ce débraillé aux regards de ma fille ?...

CAMILLE. Certainement, il faut qu'il se soit passé quelque chose d'extraordinaire, car vous avez une figure...

CHABANNAIS. C'est vrai, je n'avais pas remarqué...

CAMILLE. Ces yeux hagards... cette pâleur...

CHABANNAIS. Tu as la figure d'un scélérat !

ANASTHASE. D'un scélérat !...

CHABANNAIS. Réponds, malheureux !... Est-ce que tu te serais porté à des voies de fait envers ce jeune homme délicat ?...

ANASTHASE. Moi ! par exemple !... mais c'est qu'au contraire...

CAMILLE. Au contraire !... que voulez-vous dire par ce mot perfide ?...

CHABANNAIS. Ma fille a raison. Je ne remarquais pas la perfidie de cet adjectif.

CAMILLE. Parlez, mon cousin ! dites-nous ce qu'est devenu M. Lionel... ce que vous en avez fait ?...

CHABANNAIS. Parle !... ou je te livre à la gendarmerie...

ANASTHASE. Eh bien ! oui !... je parlerai !... je ferai connaître les turpitudes de ce Monsieur. Je dénoncerai la vie de polichinelle à laquelle il s'est livré cette nuit.

CAMILLE. Oh ! mon cousin... ce que vous faites-là est très-mal ; et je vous devine... c'est la jalousie qui vous fait parler ainsi... c'est pour perdre M. Lionel dans l'esprit de papa.

CHABANNAIS. Quel monstre !

CAMILLE. Mais la personne qui était avec vous dans ce pavillon est incapable de ce que vous cherchez à faire croire... (*Pleurant.*) Et quand vous la connaîtrez mieux, papa... vous verrez bien que...

CHABANNAIS. Oui, mon enfant... oui... (*A Anasthase.*) Tu es un brigand !...

ANASTHASE. Alors, maintenant, vous ne voulez plus que je parle... ni que je vous dise...

CAMILLE, *avec indignation.* Oh ! taisez-vous, Monsieur !...

CHABANNAIS. Tais-toi, Monsieur !

ANASTHASE. Mais... cependant...

SCÈNE IV.

LES MÊMES, POUPARDIN. — *Les* INVITÉS *et les* DAMES *de la veille en négligé du matin ; puis* FRASQUITA, *dans le costume du premier acte.*

POUPARDIN, *entrant le premier et suivi peu à peu par tout le monde.* Charmant !... on ne peut plus aimable, c'est le mot !...

ANASTHASE. Dieu ! que j'ai mal à la tête !

POUPARDIN. Ma femme, qui était en train de me faire une scène à cause de sa capote, a retrouvé toute sa bonne humeur grâce à lui.

CHABANNAIS. Comment ?

POUPARDIN. Il a quelque chose d'agréable pour chaque personne qu'il rencontre dans le jardin.

CHABANNAIS. Qui ?...

POUPARDIN. Parbleu... le petit jeune homme...

CAMILLE. M. Lionel ?...

POUPARDIN. Il est là qui se promène avec les dames ; faisant un compliment à l'une, offrant une fleur à l'autre. Il vient de donner un pied d'alouette à madame Picpus et une gueule de loup à ma femme... Eh ! tenez, le voilà !

CHABANNAIS, *regardant Frasquita qui paraît.* C'est lui, c'est parfaitement bien lui !...

ANASTHASE. D'où sort-il ?...

TOUTES LES DAMES.

Air :

Ah ! c'est charmant !
Chaque dame

En ces lieux le proclame.
Ah! c'est charmant!
Et vraiment
On n'est pas plus galant!

FRASQUITA, *s'avançant.*

Le beau jardin!

CHABANNAIS.

Oui, c'est là ma folie!

FRASQUITA.

C'est un bouquet qu'on doit vous envier.
(Montrant Camille.)
Mais de vos fleurs voilà la plus jolie!..
Honneur à vous! honneur au jardinier!

CHABANNAIS, *enchanté, à Anasthase.* Je suis un jardinier... Tu n'aurais pas trouvé ça, toi!

REPRISE.

Ah! c'est charmant!
Etc., etc.

(Toutes les dames vont s'asseoir sur les bancs et les chaises du jardin.)

CHABANNAIS, *à Anasthase.* Te voilà confondu... toi qui disais que Monsieur était parti.

FRASQUITA. Comment! moi, parti?...

CHABANNAIS. Un conte absurde qu'il nous a débité...

CAMILLE. Et qui nous a beaucoup inquiétés...

FRASQUITA, *riant.* Ah! ah! je comprends... le pauvre garçon!...

ANASTHASE. Osez donc dire le contraire!

FRASQUITA. Je m'en garderais bien... la vérité avant tout. C'est vrai, Monsieur, je l'avoue!

ANASTHASE. Ah!

FRASQUITA. J'ai dû abandonner ce pavillon!

ANASTHASE. Qu'est-ce que je disais!...

FRASQUITA. Ce pavillon où il m'aurait été impossible de rester toute la nuit en compagnie de Monsieur.

CAMILLE, *à part.* Je crois bien...

ANASTHASE, *triomphant.* C'était un conte absurde...

FRASQUITA. Et ne pouvant sortir par la porte dont vous aviez la clé, il a bien fallu sauter par la fenêtre!...

ANASTHASE, *à Chabannais.* Là!...

CHABANNAIS, *à lui-même.* Le fait est que ça devient louche...

CAMILLE. Mais, alors, où donc avez-vous passé la nuit?...

FRASQUITA. A la belle étoile... dans le jardin... où j'ai eu le plaisir de voir arriver une à une toutes ces dames.

POUPARDIN. Je constate le fait.

FRASQUITA. Et où du moins j'avais l'avantage de ne pas mourir asphyxié... par les cigares de Monsieur.

ANASTHASE. Mes cigares!... permettez...

CHABANNAIS, *avec indignation.* Tu fumes, misérable?...

FRASQUITA. Comme un Hollandais!...

ANASTHASE. Permettez!... mon oncle... permettez!...

CAMILLE. Ah! Dieu!... je ne m'expliquais pas cette odeur de tabagie!... quelle horreur!...

CHABANNAIS. C'est vrai!... tu empoisonnes... il empoisonne!...

POUPARDIN. Il empoisonne, c'est le mot!

FRASQUITA. Et puis, moi qui déteste le punch au rhum et qui ne peux pas souffrir les cartes, j'étais un triste compagnon... avouez-le... J'aurais fini par me griser et par perdre tout mon argent...

CHABANNAIS. Le punch!...

CAMILLE. Les cartes!... vous jouez, mon cousin?

CHABANNAIS. Et tu te grises, abominable gueux!

ANASTHASE. Mon oncle, ma cousine, je vais vous expliquer...

FRASQUITA. Enfin, Monsieur se mettait tellement à son aise!...

CHABANNAIS. C'est vrai!... c'est indécent!... que diable, il y a des dames!

POUPARDIN. Il y a des dames, c'est le mot...

FRASQUITA. Et, entre nous, je vous engage à mettre au moins une cravate.

ANASTHASE, *abasourdi, au public.* Est-ce assez fort?...

CHABANNAIS, *le poussant.* Veux-tu te sauver!... veux-tu te sauver!...

ANASTHASE, *résistant.* Je réclame... je proteste!...

CHABANNAIS. Va te vêtir, ou tu ne déjeuneras pas! *(Il le pousse tout à fait dehors.)*

FRASQUITA, *bas, en se rapprochant de Camille.* Je comprends votre inquiétude; mais rassurez-vous; tous les obstacles qui retenaient mon frère ont disparu... je l'attends, bientôt il sera près de vous...

CAMILLE. Ah! quel bonheur!.. *(Elle s'éloigne et parle à Poupardin.)*

FRASQUITA, *à elle-même.* Bientôt aussi je redeviendrai moi-même; je quitterai ce masque de gaieté si contraire aux sentiments qui m'agitent... Sa maîtresse!... cette offre indigne revient sans cesse à ma pensée, et, malgré moi, je me sens près de pleurer de colère... mais je saurai me contraindre... devant lui surtout!... J'assurerai le bonheur de mon frère, et demain... je partirai pour toujours!... *(On entend la cloche de la maison. Anasthase rentre habillé.)*

CHABANNAIS. Ah! voilà le café!... ne le laissons pas refroidir.

POUPARDIN. La main au beau sexe, Messieurs.

CHABANNAIS, *à Benjamin qui entre.* Qu'y a-t-il, Benjamin?...

BENJAMIN. Monsieur, votre notaire vient d'arriver.

CAMILLE, *à part.* Ah! mon Dieu!

CHABANNAIS. Eh bien! il prendra le café avec

nous... Ensuite... nous signerons le contrat, mes enfants.

ANASTHASE, *à part.* Il les appelle ses enfants devant moi !... je trouve ça dégoûtant.

CAMILLE, *bas, à Frasquita qui lui offre son bras.* Vous avez entendu : le contrat!... qu'allons-nous devenir?...

FRASQUITA. Gagnons d'abord du temps, et contenez-vous, de grâce; Lionel ne peut tarder maintenant.

CHABANNAIS. Allons, Anasthase, viens-tu?

ANASTHASE. Je ne déjeune pas... je n'ai pas faim!...

CHABANNAIS. Ça t'apprendra à fumer... à te griser... sacripant!...

ENSEMBLE.

Air de *la Nuit de Noël.* (Reber.)

POUPARDIN, CHABANNAIS, FRASQUITA, CAMILLE ET LES INVITÉS.

Le déjeuner
Que l'on vient de sonner
Nous invite,
Allons vite!
C'est le café que l'on vient de servir,
N'allons pas le laisser refroidir!

ANASTHASE.

Le déjeuner
Que l'on vient de sonner
Vous invite
Et m'irrite!
Fi du café que l'on vient de servir!
Moi, de l'air seul je prétends me nourrir!...

SCÈNE V.

ANASTHASE, *puis* HENRI ET BENJAMIN.

ANASTHASE, *seul.* Déjeuner!.. m'asseoir à la même table que lui!... Plus souvent!... sa vue me crispe, m'agace!... Et puis, le punch, le cigare de cette nuit... décidément, j'ai quelque chose... (*Il va s'asseoir sur un banc.*)

HENRI, *à la cantonade.* Jean... restez là, et attendez-moi!

BENJAMIN, *entrant et à Henri.* Monsieur veut-il que je l'annonce?...

HENRI. Non, c'est inutile... faites-moi seulement le plaisir de dire à M. Lionel Durand que je désire lui parler.

BENJAMIN. C'est qu'en ce moment on prend le café.

HENRI. Ah! alors, c'est différent; ne dérangez personne, j'attendrai. (*Benjamin sort. A part.*) Oui, je veux avoir une explication avec lui... Il faut qu'il renonce à Frasquita, ou sinon...

ANASTHASE, *se levant.* Quelqu'un!

HENRI. Monsieur Anasthase!

ANASTHASE. Tiens, c'est vous? Est-ce que vous n'entrez pas?... on mange...

HENRI. Merci, je n'ai besoin de rien.

ANASTHASE. C'est comme moi. (*Soupirant.*) Quand on a des peines de cœur...

HENRI. Ah! oui, à cause du mariage de votre cousine?

ANASTHASE. Mettez-vous à ma place : moi, qui lui fais la cour depuis l'âge de raison ; moi, qui étais pétri de soins, d'attentions pour elle... moi, son cavalier servant, son commissionnaire, son king-Charles!... Hier encore, vous l'avez vu, ces glaces que j'ai été chercher à Paris, et dont je n'ai pas mangé, par parenthèse... Eh bien! Monsieur, elle oublie tout ça pour un tiers... ce jeune quart d'agent de change... dont elle veut être la moitié!

HENRI. Oui, oui... les femmes sont ingrates!

ANASTHASE. Je suis sûr qu'elle sera très-malheureuse avec lui... un être rempli de vices... qui joue, qui fume, qui boit...

HENRI. Vraiment?...

ANASTHASE. Sans compter le reste.

HENRI. Quoi donc?...

ANASTHASE. Je mettrais... sa main au feu qu'il a une intrigue.

HENRI. Une intrigue!... Ah! vous savez?...

ANASTHASE. Voyez-vous, j'avais un peu... enfin je somnolais... mais pourtant pas assez pour ne rien voir de ce qui se passait... Et on ne m'ôtera pas de l'idée qu'il a déguerpi d'ici cette nuit.

HENRI, *à part.* Ah!... j'en étais sûr!...

ANASTHASE. Et pour quel motif?... quoique quart d'agent de change, on n'a pas d'affaires à à cette heure indue... on ne tripote pas le coupon au clair de la lune...

Air de *l'Apothicaire.*

Vexé d'être sous le verrou,
Si, de ces lieux, par la fenêtre
Il s'est enfui comme un matou,
Son vrai motif, je le pénètre.
Lorsque la nuit on voit les chats
Furtivement se mettre en course,
Vous sentez bien que ce n'est pas
Afin de se rendre à la Bourse...
Oui, vous sentez que ce n'est pas,
Monsieur, pour aller à la Bourse.

HENRI, *à part.* Plus de doute!... c'est lui qui, à minuit, était chez elle!... Oh! qu'il vienne! qu'il vienne!

ANASTHASE. Quelle indignité!... Et quand je pense qu'on me le préfère!... Ah! il y a de quoi lui chercher querelle... de quoi le tuer...

HENRI. Oui, oui, vous avez raison!...

ANASTHASE. N'est-ce pas?... ça vous exaspère?.. ça vous outre?... moi, ça m'outre...

HENRI, *regardant du côté de la maison.* Ah! enfin, le voilà!

ANASTHASE. Lui!... je m'en vais.

HENRI, *vivement*. C'est cela, laissez-nous ensemble, j'ai quelque chose à lui dire en particulier.

ANASTHASE. Oui, j'aime mieux m'en aller. Je me connais, je suis très-vif... j'aime mieux m'en aller!... (*Il sort par la droite, pendant que Frasquita entre par la gauche.*)

SCÈNE VI.

HENRI, FRASQUITA,

FRASQUITA, *à la cantonade*. C'est bien !... arrangez tout cela comme vous l'entendrez. Le temps de fumer une cigarette et je suis à vous... (*En scène et à part.*) C'est que ça devient très-embarrassant! Et Lionel qui n'arrive pas !... que fait-il?... Je ne puis pourtant pas le remplacer jusqu'à signer pour lui!... (*En apercevant Henri qui s'avance.*) Ah!...

HENRI. Je suis enchanté de vous rencontrer, Monsieur...

FRASQUITA, *se contenant*. Monsieur, c'est un plaisir que je partage!... (*A part.*) Oh ! il ne s'apercevra ni de mon trouble ni de mon émotion!

HENRI. Je désirais vous parler.

FRASQUITA, *étonnée*. A moi?

HENRI. Oui, Monsieur, à vous, à vous seul.

FRASQUITA. Ah! serait-ce au sujet du contrat que l'on va signer?... car vous devez être, je crois, l'un des témoins du mariage?...

HENRI. Oh!... ce mariage n'est pas encore fait...

FRASQUITA. Plait-il?

HENRI. Je dis, Monsieur, que votre mariage n'est pas encore conclu!...

FRASQUITA, *à part*. Ah! mon Dieu!... est-ce que mon frère aurait fait quelque nouvelle sottise! (*Haut.*) Je ne vous comprends pas, Monsieur.

HENRI. Quand on se conduit comme M. Lionel Durand!...

FRASQUITA, *à part*. Il aura appris quelque chose! (*Haut.*) Monsieur, ce n'est pas à vous, ce me semble, qu'il appartient de scruter ma conduite... et d'ailleurs, quel est le jeune homme qui n'a pas à se reprocher quelque petite peccadille?...

HENRI. Un jeune homme qui va entrer dans une famille honnête, respectable... s'unir à une jeune fille charmante... et qui a une maîtresse!..

FRASQUITA. Une maîtresse!... (*A part.*) Ah! le petit malheureux!

HENRI. Enfin, Monsieur, venons au fait! vous connaissez mademoiselle Frasquita?...

FRASQUITA, *étonnée*. Moi?... (*A part.*) Où veut-il en venir? (*Haut.*) Oui, Monsieur, oui, je la connais.

HENRI. Depuis longtemps?

FRASQUITA. Depuis fort longtemps, c'est vrai.

HENRI. Vous l'aimez!

FRASQUITA. Je dois convenir qu'elle n'a pas de meilleur ami que moi.

HENRI. Enfin, hier, vous vous êtes échappé de cette maison pour aller chez elle?...

FRASQUITA, *à part*. Comment sait-il?... (*Haut.*) C'est encore vrai, Monsieur, j'étais chez Frasquita.

HENRI. Vous l'avouez?

FRASQUITA. Oui, Monsieur, je l'avoue. Mais tout cela ne prouve pas que M. Lionel...

HENRI. Soit l'amant de Frasquita?... allons donc!... Et sa présence chez elle cette nuit?... Et ce billet que je l'ai surprise lui adressant... et qu'elle a remis devant moi à une femme de chambre?...

FRASQUITA, *à part*. Ah! je comprends!

HENRI. Eh bien, Monsieur, il faut que vous renonciez à la voir.

FRASQUITA. Que je renonce à voir Frasquita, moi!

HENRI. Je l'exige!

FRASQUITA, *riant*. Ah! ah! par exemple, je trouve la chose un peu forte...

HENRI. Ah! vous riez, Monsieur?...

FRASQUITA. Oui, Monsieur, je ris... car j'en suis bien fâché, mais ce que vous me demandez est impossible...

HENRI. Impossible!...

FRASQUITA. Oh! tout à fait impossible... je vous défie de me séparer d'elle!...

HENRI. Pourtant, Monsieur, je trouverai bien un moyen de vous y contraindre...

FRASQUITA. Ah! parbleu, je serais curieux de savoir comment vous vous y prendrez.

HENRI. Comment? En vous tuant.

FRASQUITA. Ah! j'avoue que ce serait un moyen... et encore!... mais je n'y consentirai pas.

HENRI. Vous vous battrez!

FRASQUITA. Avec vous?...

HENRI. Avec moi.

FRASQUITA. Quelle folie!

HENRI. Je vous y forcerai.

FRASQUITA. Allons donc!...

HENRI. Ici même!... à l'instant!

FRASQUITA, *gaiement*. Eh bien, soit! je le veux bien!

HENRI. Ah! enfin... j'ai là des armes et je vais les chercher... (*Il sort vivement par le fond à droite.*)

FRASQUITA, *seule un moment*. Ah! ma foi, j'aime mieux ça!...

Air : *Les braves hussards du sixième.*

Là, j'étouffais de garder en silence
Le mot cruel dont il vint m'insulter.
Mais puisqu'il m'offre un moyen de vengeance,
Avec ardeur je prétends l'accepter.

Ah! mon courroux va pouvoir éclater.
HENRI, *revenant avec des épées.*
Prenez, Monsieur, prenez, voici des armes.
FRASQUITA, *en prenant une.*
Et vous verrez que l'on sait s'en servir!
(*A part.*)
N'hésitons pas! Il fit couler mes larmes,
Je l'aime encore assez pour l'en punir!

HENRI. Et quant à des témoins... si vous en voulez?...

FRASQUITA. Oh! des témoins... nous nous en passerons!

HENRI. Soit! En garde, Monsieur...

FRASQUITA. Voilà, Monsieur, voilà. (*Après avoir fait quelques passes, s'arrêtant tout à coup.*) Ah! pardon! je fais une réflexion...

HENRI. Une réflexion?..

FRASQUITA. Vous venez me chercher querelle sous prétexte que j'aime Frasquita... mais qu'est-ce que cela peut vous faire?

HENRI. A moi, Monsieur?... vous me le demandez?...

FRASQUITA. Dame!... à moins que vous ne l'aimiez aussi...

HENRI. Eh bien!... oui, Monsieur... je l'aime!

FRASQUITA. Vous?...

HENRI. Oui, Monsieur, moi.

FRASQUITA. Un caprice!

HENRI. Une passion qui date de cinq ans.

FRASQUITA. Vraiment?... Ah! contez-moi donc ça, Monsieur, ça m'intéresse beaucoup.

HENRI. Oui, je l'aimais... et la preuve, c'est que je songeais à lui donner mon nom.

FRASQUITA. Votre nom?...

HENRI. Mon désir, mon bonheur, eût été d'en faire ma femme...

FRASQUITA. S'il en était ainsi, pourquoi l'auriez-vous abandonnée?

HENRI. Pourquoi?... pourquoi?... parce qu'elle me trompait...

FRASQUITA. Elle!

HENRI. Parce que j'avais un rival...

FRASQUITA. Un rival!... qui vous a dit?...

HENRI. J'ai vu.

FRASQUITA. Vu?...

HENRI. Un soir, le dernier que nous avons passé ensemble, comme je venais de la quitter, en lui renouvelant les serments les plus tendres, j'ai vu un jeune homme entrer chez elle...

FRASQUITA, *à part.* Mon frère!... (*Haut.*) Eh quoi! Monsieur, c'est pour cela que?...

HENRI. Oui, Monsieur, c'est pour cela que je suis parti, que je m'étais promis de ne plus la revoir...

FRASQUITA, *à part.* Et moi qui le croyais infidèle!...

HENRI. Mais hier, en la retrouvant, j'ai senti mon amour se réveiller dans mon cœur... et quand j'ai compris qu'à cet amour elle préférait le vôtre... (*Se remettant en garde.*) Mais défendez-vous donc, Monsieur!... défendez-vous donc!

FRASQUITA, *se remettant en garde, et toute tremblante.* Certainement, Monsieur, certainement... je me défendrai...

HENRI.

Air : *Mon galoubet.*

Vous n'allez pas! (*bis.*)
Je presse en vain mon adversaire;
Je sens faiblir, céder son bras.
Quand chaque mot devrait vous faire
Bouillir de rage et de colère,
Vous n'allez pas! (*bis.*)
Eh! non, Monsieur, vous n'allez pas!

FRASQUITA, *ferraillant.* C'est vrai... oui... dans le premier moment, ce que vous m'avez dit m'a tellement étonné, tellement ému!...

HENRI. Comment?

FRASQUITA. Mais, savez-vous, Monsieur, que c'est indigne, et que c'est moi qui devrais vous chercher querelle! Accuser une femme!... suspecter son honneur!... Ce jeune homme... qui vous dit que ce fût un rival?... ne pouvait-elle avoir un parent... un frère?...

HENRI. Un frère!

FRASQUITA. Partir!... l'abandonner sur un simple soupçon, sans vous soucier du chagrin que vous pouviez lui faire!

HENRI. Que dites-vous?...

FRASQUITA. Car elle vous aimait, la pauvre fille! elle vous aimait bien, je le sais...

HENRI, *à part.* O mon Dieu!... ce que j'entends... l'émotion que j'éprouve...

FRASQUITA. Oui, vous méritez une leçon... et je vais vous la donner.

Air précédent.

Vous n'allez pas! (*bis.*)
Du sang-froid donc!... et de l'ensemble!...
De vous défendre êtes-vous las?...
Vous pâlissez!... même il me semble,
Qu'en ce moment votre main tremble...
Vous n'allez pas! (*bis.*)
Eh! non, morbleu!... vous n'allez pas!

ANASTHASE, *entrant.* Hein!... qu'est-ce que je vois?...

FRASQUITA, *lui portant une botte.* Ah! vous accusiez Frasquita! A vous, Monsieur! Ah! vous doutiez de sa sagesse!... Parez donc, Monsieur! parez donc!...

ANASTHASE, *tremblant.* Ils vont se massacrer!...

FRASQUITA, *faisant sauter l'épée de Henri.* Enlevé!...

HENRI ET ANASTHASE. Ah!...

FRASQUITA, *saluant.* Monsieur!... à plus tard votre revanche! (*Elle se sauve en riant, et marche sur le pied d'Anasthase.*)

ANASTHASE, *criant.* Ah! je suis blessé!

SCÈNE VII.

ANASTHASE, HENRI.

HENRI, *à part.* Cette chaleur à défendre Frasquita... ce trouble que je ressentais en l'écoutant et dont je ne puis encore me rendre compte... mon Dieu... est-ce que ce serait?... ah! j'aurai le mot de cette énigme... (*Il va pour sortir.*)

ANASTHASE, *courant à lui.* Monsieur... Monsieur... un mot...

HENRI. Rassurez-vous, mon cher, il ne l'épousera pas... (*Il sort précipitamment sur les pas de Frasquita.*)

SCÈNE VIII.

ANASTHASE, *puis* CHABANNAIS.

ANASTHASE, *seul.* Généreux jeune homme!... c'est pour moi qu'il se battait! lui, qui ne venait ici que comme témoin... c'est bien gentil de sa part...

CHABANNAIS, *en dehors.* Benjamin!.. où donc est M. Lionel?... cherchez donc M. Lionel!

ANASTHASE, *ramassant l'épée.* Je suis fâché seulement qu'il ne l'ait pas embroché... mais il ne perdra rien pour attendre... et quant à ma cousine, il ne l'épousera pas... (*Brandissant son épée.*) Non, saperlotte! il ne l'épousera pas, quand je devrais... (*Il se fend avec fureur et manque d'attraper Chabannais qui entre.*)

CHABANNAIS, *reculant avec effroi.* Ah! misérable!.. tu en veux à mes jours!

ANASTHASE. Moi, mon oncle?... je respecte vos infirmités... mais lui, votre Lionel, il ne l'épousera pas!

CHABANNAIS. Ah! ciel!... je devine!... ces armes!... tu l'as tué!

ANASTHASE. Pas tout à fait, malheureusement.

CHABANNAIS. Il respire encore!... (*Cherchant de tous côtés.*) Où l'as-tu mis?... où l'as-tu fourré?...

ANASTHASE. Mais, mon oncle...

CHABANNAIS, *reculant.* Ne m'approche pas, assassin!...

ANASTHASE. Assassin!... (*A part.*) Allons, allons, il baisse!

SCÈNE IX.

LES MÊMES, HENRI, *entrant, très-agité.*

HENRI, *à part.* Enfermé avec elle!... Si c'était un jeune homme, il ne l'aurait pas osé! D'ailleurs je vais bien le savoir! (*A Chabannais.*) Vous cherchez M. Lionel?...

CHABANNAIS. Hélas! oui... sauriez-vous où il est?...

HENRI. Il est avec mademoiselle Camille.

CHABANNAIS. Avec ma fille?... on l'a transporté près d'elle?...

HENRI. Transporté!... Il y est bien allé de lui-même.

CHABANNAIS. Il n'est donc pas blessé?...

HENRI. Eh non!... c'est lui qui m'a désarmé, au contraire...

CHABANNAIS. Comment! c'est avec vous que?..

ANASTHASE, *criant.* Mais oui!.. vous ne me laissez pas le temps de parler...

CHABANNAIS. Et vous dites qu'il est auprès de Camille?...

HENRI. Dans sa chambre.

ANASTHASE ET CHABANNAIS. Dans sa chambre!

HENRI. Enfermé avec elle.

CHABANNAIS. Enfermé avec ma fille!...

ANASTHASE. Enfermé avec ma..... avec sa fille!...

CHABANNAIS. Ah! c'est trop fort, par exemple! et je cours...

SCÈNE X.

LES MÊMES, CAMILLE.

CAMILLE. C'est inutile! me voici.

CHABANNAIS. Comment, Mademoiselle, vous recevez chez vous un jeune homme?

CAMILLE. Non, mon père.

ANASTHASE. Elle ose nier!

CHABANNAIS. Vous osez nier!... cependant ce M. Lionel...

CAMILLE. N'est pas un jeune homme...

HENRI, *à part.* J'en étais bien sûr!

CHABANNAIS. Ça n'est pas un jeune homme?

CAMILLE. C'est une femme...

TOUS. Une femme!

CAMILLE. Une très-jolie petite femme... sa sœur, Mademoiselle Virginie Durand!

HENRI, *à part.* Sa sœur!...

CAMILLE. Et si vous ne me croyez pas, vous pouvez l'interroger elle-même; car la voilà.

SCÈNE XI.

LES MÊMES, FRASQUITA, *en femme.*

HENRI, *à part.* Frasquita!

FRASQUITA, *à Chabannais.* Pardonnez-moi, Monsieur, la ruse que j'ai employée... Mon frère ne pouvant venir, j'ai pris sa place pour quelques heures.

CHABANNAIS. Comment, Mademoiselle... vous... sa sœur!...

FRASQUITA.

Air des *Deux Pigeons.*

Orphelins sur la terre,
Nul ne veillant sur nous,
Je fis tout pour ce frère
(*Bas, à Henri.*)
Dont vous fûtes jaloux.
Au travail ma jeunesse
Consacra chaque instant;
Puis, un jour, la richesse
Vint avec le talent.
Oui, plus tard, la richesse
Vint avec le talent,
Et cette Espagnole
Si vive et si folle;
Oui! la Frasquita,
Brillante boléra,
C'était moi!... la voilà!

REPRISE, ENSEMBLE.

HENRI. Ah!... pardon!.. pardon!

SCÈNE XII.

LES MÊMES, POUPARDIN, LES INVITÉS; *puis* BENJAMIN.

CHŒUR.

Air du *Maçon.*

Au contrat de mariage,
Gaîment, après déjeuner,
Mes amis, suivant l'usage,
Venons tous, venons signer.

POUPARDIN. Eh bien! et le futur?... où donc est le futur?...

BENJAMIN, *entrant et à Frasquita.* Une lettre pour Madame.

FRASQUITA, *la regardant.* Une lettre?... de lui!... de Lionel!

CAMILLE. Comment!... est-ce qu'il y aurait encore un obstacle?..

FRASQUITA, *qui a ouvert et parcouru la lettre.* Ah! mon Dieu!... que vois-je!

TOUS. Quoi donc?... qu'y a-t-il?

FRASQUITA. En voilà bien d'une autre! (*Lisant.*) « Ma bonne sœur, j'ai tant fait de folies, « que je tiens à finir par un trait de sagesse...»

TOUS. Ah! très-bien!

FRASQUITA, *continuant.* « J'ai donc pris la ré-« solution de ne pas me marier... »

CHABANNAIS. Hein?...

CAMILLE. Qu'entends-je!

FRASQUITA. « Sois assez bonne pour me déga-« ger auprès de l'honorable famille qui voulait « bien accueillir ma recherche... »

CAMILLE. Ah!... mon cousin!... soutenez-moi!

ANASTHASE, *la recevant dans ses bras, et à part.* Quel espoir!

CHABANNAIS. Le voilà qui refuse!... Ah! que d'émotions pour un homme qui a pris sa retraite!... Et le notaire qui est là!... qui a préparé un contrat!... Est-ce assez désagréable!

POUPARDIN. Désagréable, c'est le mot!

ANASTHASE. Il y aurait bien un moyen de l'utiliser... le contrat!... Et si ma cousine voulait...

CAMILLE, *baissant les yeux.* Moi?... mais... je n'ai jamais dit le contraire...

CHABANNAIS, *à Anasthase.* Quand je te disais qu'elle n'aimait que toi, imbécile!...

ANASTHASE. Je savais bien que je finirais par avoir la préférence.

FRASQUITA. Allons, et moi qui m'étais donné tant de mal pour faire le mariage de mon frère, je n'aurai réussi...

HENRI, *lui tendant la main.* Qu'à faire le vôtre, Virginie!

CHŒUR.

Air final des *Aides de camp.*

Enfin ils vont s'unir!
Cet heureux mariage
Aujourd'hui nous/leur présage
Le plus doux avenir!

FRASQUITA, *au public.*

Air :

En vain sur la rive étrangère
On m'offre de l'or, des honneurs;
Je suis artiste et je préfère
De Paris les moindres faveurs. (*bis.*)
Pour que mon vœu se réalise,
Ce soir, ici, guidez mes pas:
Je touche à la terre promise,
Messieurs, ne m'en éloignez pas!

REPRISE DU CHŒUR.

FIN.

LAGNY. — Imprimerie de VIALAT et Cie.

EN VENTE CHEZ LE MÊME ÉDITEUR :

Titre	Prix
L'Aïeule.	75
Un Monstre de Femme.	60
La Jeunesse de Charles-Quint.	60
Le Vicomte de Létorières.	60
Les Fées de Paris.	60
Pour mon fils.	60
Lucienne.	60
Les jolies Filles de Stilberg.	60
L'Enfant de Chœur.	60
Le Grand Palatin.	60
La Tante mal gardée.	60
Les Circonstances atténuantes.	60
La Chasse aux Vautours.	60
Les Batignollaises.	60
Une Femme sous les Scellés.	60
Les Aides de Camp.	60
Le Mari à l'essai.	60
Chez un Garçon.	60
Jakel's-Club.	60
Mérovée.	60
Les deux Couronnes.	60
Au Croissant d'Argent.	60
Le Château de la Roche-Noire.	60
Mon illustre ami.	60
Talma en congé.	60
L'Omelette Fantastique.	60
La Dragonne.	60
La Sœur de la Reine.	60
La Vendetta.	60
Le Poète.	60
Les Informations Conjugales.	60
Le Loup dans la Bergerie.	60
L'Hôtel de Rambouillet.	60
Les deux Impératrices.	60
La Caisse d'Épargne.	60
Thomas le Rageur.	60
Derrière l'Alcôve.	60
La Villa Duflot.	60
Péroline.	60
La Femme à la Mode.	60
Les égarements d'une Canne et d'un Parapluie.	60
Les deux Anes.	60
Foliquet, coiffeur de Dames.	60
L'Anneau d'Argent.	60
Recette contre l'Embonpoint.	60
Don Pascale.	60
Mademoiselle Déjazet au Sérail.	60
Touboulic le Cruel.	60
Hermance.	60
Les Canuts.	60
Entre Ciel et Terre.	60
La Fille de Figaro.	60
Métier et Quenouille.	60
Angélique et Médor.	60
Loïsa.	60
Jocrisse en Famille.	60
L'autre Part du Diable.	60
La Chasse aux belles Filles.	60
La Salle d'Armes.	60
Une Femme compromise.	60
Patineau.	60
Madame Roland.	60
L'Esclave de Camoëns.	60
Les Réparations.	60
Mariage du Gamin de Paris.	60
Veille du Mariage.	60
Paris bloqué.	60
Un Ménage Parisien.	1 »
La Bonbonnière.	60
Adrien.	60
Pierre le Millionnaire.	60
Carlo et Carlin.	60
Le Moyen le plus sûr.	60
Le Papillon Jaune et Bleu.	60
La Polka en province.	60
Une Séparation.	60
Le roi Dagobert.	60
Frère Galfâtre.	60
Nicaise à Paris.	60
Le Troubadour-Omnibus.	60
Un Mystère.	60
Le Billet de faire part.	60
Pulcinella.	60
Fiorina.	60
La Sainte-Cécile.	60
Follette.	60
Deux Filles à Marier.	60
Monseigneur.	60
A la Belle Etoile.	60
Un Ange tutélaire.	60
Un Jour de Liberté.	60
Wallace.	60
L'Ecolier d'Oxford.	60
L'Oiseau du Bocage.	60
Paris à tous les Diables.	60
Une Averse.	60
Madame de Cérigny.	60
Le Fiacre et le Parapluie.	60
Morale en action.	60
Liberté Libertas.	60
L'Ile du prince Toutou.	60
Mimi Pinson.	60
L'Article 170.	60
Les Viveurs.	60
Les deux Pierrots.	60
Seigneur des Broussailles.	60
Deux Tambours.	60
Constant la Girouette.	60
L'Amour dans tous les Quartiers de Paris.	60
Madame Bugolin.	60
Petit Poucet.	60
Camoëns.	60
Escadron volant de la Reine.	60
Le Lansquenet.	60
Une Voix.	60
Agnès Bernau.	60
Amours de M. et Mme Denis.	60
Porthos.	60
La Pêche aux Beaux-Pères.	60
Révolte des Marmousets.	60
Le Troisième Mari.	60
Un premier Souper de Louis XV.	60
L'Homme à la Mode.	60
Une Confidence.	60
Le Ménétrier.	60
L'Almanach des 25,000 Adresses.	60
Une Histoire de Voleurs.	60
Les Murs ont des Oreilles.	60
L'Enseignement Mutuel.	60
La Charbonnière.	60
Le Code des Femmes.	60
On demande des Professeurs.	60
Le Pot aux Roses.	60
La Grande Bourse et les Petites Bourses.	60
L'Enfant de la Maison.	60
Riche d'Amour.	60
La Comtesse de Moranges.	60
L'Amazone.	60
La Gloire et le Pot-au-Feu.	60
Les Pommes de terre malades.	60
Le Marchand de Marrons.	60
V'là ce qui vient d'paraître.	60
La Loi salique.	60
Nuage au Ciel.	60
L'Eau et le Feu.	60
Beaugaillard.	60
Mardi Gras.	60
Le Retour du Conscrit.	60
Le Mari perdu.	60
Dieux de l'Olympe à Paris.	60
Le Carillon de Saint-Mandé.	60
Geneviève.	60
Mademoiselle ma Femme.	60
Mal au Pays.	60
Mort civilement.	60
Garde-Malade.	60
Fruit défendu.	60
Un Cœur de Grand'Mère.	60
Nouvelle Clarisse Harlowe.	60
Place Ventadour.	60
Nicolas Poulet.	60
Roch et Luc.	60
La Protégée sans le savoir.	60
Une Fille Terrible.	60
La Planète à Paris.	60
L'Homme qui se cherche.	60
Maître Jean.	60
Ne touchez pas à la Reine.	1 »
Une année à Paris.	60
Irène ou le Magnétisme.	60
Amour et Biberon.	60
En Carnaval.	60
Bal et Bastringue.	60
Un Bouillon d'onze heures.	60
Cour de Biberack.	60
D'Aranda.	60
Femme qui se jette par la fenêtre.	60
Avocat Pédicure.	60
Trois Paysans.	60
Chasse aux Jobards.	60
Mademoiselle Grabutot.	60
Père d'occasion.	60
Coquignolo.	60
Henriette et Charlot.	60
Le Chevalier de Saint-Remy.	60
Malheureux comme un Nègre.	60
Un Vœu de jeune Fille.	60
Secours contre l'Incendie.	60
Chapeau Gris.	60
Sans Dot.	60
La Syrène du Luxembourg.	60
Homme Sanguin.	60
La Fille obéissante.	60
Tantale.	60
Deux Loups de Mer.	60
Oliéa.	60
La Croisée de Berthe.	60
La Filleule à Nicot.	60
Les Charpentiers.	60
Mademoiselle Faribole.	60
Un Cheveu blond.	60
Les Impressions de Ménage.	60
L'Homme aux 160 Millions.	60
Pierrot Posthume.	60
La Déesse.	60
Une Existence décolorée.	60
Elle... ou la Mort!	60
Didier l'honnête Homme.	60
L'Enfant de quelqu'un.	60
Les Chroniques bretonnes.	60
Haydée ou le Secret.	1 »
L'Art de ne pas donner d'Étrennes.	60
Le Puff.	1 »
La Tireuse de Cartes.	60
La Nuit de Noël.	1 »
Christophe le Cordier.	60
La Rose de Provins.	60
Les Barricades de 1848.	60
34 Francs! ou amour!...	60
La Fille du Matelot.	60
Les deux Pommades.	60
La Femme blasée.	60
Les Filles de la Liberté.	60
Hercule Belhomme.	60
Don Quichotte.	60
L'Académicien de Pontoise.	60
Ah! Enfin!	60
La Marquise d'Aubray.	60
Le Gentilhomme campagnard.	60
Les Peureux.	60
Le Chevalier de Beauvoisin.	60
Le Gentilhomme de 1847.	60
La Rue Quincampoix.	60
L'Ange de ma Tante.	60
La République de Platon.	60
Le Club des Maris.	60
Oscar XXVIII.	60
Une Chaîne Anglaise.	60
Un Petit de la Mobile.	60
Histoire de rire.	60
Les vingt sous de Périnette.	60
Le Serpent de la Paroisse.	60
Agénor le Dangereux.	60
Roger Bontemps.	60
L'Été de la Saint-Martin.	60
Jeanne la Folle.	1 »
Les suites d'un Feu d'Artifice.	60
O Amitié! ou les trois Epoques.	60
La Propriété, c'est le Vol.	60
La Poule aux Œufs d'Or.	60
Elevés ensemble.	60
L'Hôtellerie de Genève.	60
A bas la Famille ou les Banquets.	60
Daniel.	1 »
Le Voyage de Nannette.	60
Titine à la Cour.	60
Le baron de Castel-Sarrazin.	60
Madame Marneffe.	1 »
Un Gendre aux Epinards.	60
Madame veuve Larifla.	60
La Reine d'Yvetot.	60
Les Manchettes d'un Vilain.	60
Le Duel aux Mauviettes.	60
Les Filles du Docteur.	60
Un Turc pris dans une porte.	60
Les Grenouilles qui demandent un Roi.	60
Ce qui manque aux Grisettes.	60
La Poésie des Amours et...	60
Les Viveurs de la Maison-d'Or.	60
Un Troupier dans les Confitures.	60
Ma Tabatière.	60
Gracioso.	60
E. H.	60
Trompe-la-Balle.	60
Un Vendredi.	60
Le Gibier du Roi.	60
Bréda-Street.	60
Adrienne Lecouvreur.	1 »
Sans le Vouloir.	60
Les Femmes saucialistes.	60
Le Mobilier de Bamboche.	60
Les Beautés de la Cour.	60
La Famille.	60
L'Hurluberlu.	60
Un Cheveu pour deux têtes.	60
L'Ane à Baptiste.	60
Les Prodigalités de Bernerette.	60
Les Bourgeois des Métiers.	60
La Graine de Mousquetaires.	60
Les Faubourgs de Paris.	60
La Montagne qui accouche.	60
Le Juif-Errant.	60
Adrienne de Carotteville.	60
Un Socialiste en Province.	60
Le Marin de la Garde.	60
Une Femme qui a une jambe de bois.	60
Mauricette.	60
Une Semaine à Londres.	60
Le Cauchemar de son propriétaire.	60
Le Marquis de Carabas.	60
La Ligue des Amants.	60
Les Sept Billets.	60
Passe-temps de Duchesse.	60
Les Cascades de Saint-Cloud.	60
Lorettes et Aristos.	60
Les Compatriotes.	60
Un Tigre du Bengale.	60
Le Congrès de la Paix.	60
Les Représentants en vacances.	60
Les Grands Écoliers en vacances.	60
Un Intérieur comme il y en a tant!	60
Le Moulin Joli.	60
La Rue de l'Homme-Armé.	60
La Fée aux Roses.	1 »
Babet.	60
Un Lièvre en sevrage.	60
Ercyne.	60
Trumeau.	60
Mademoiselle Carillon.	60
L'Héritier du Czar.	60
Rhum.	60
Les Associés.	60
Les Fredaines de Troussard.	60
Les Partageux.	60
Daphnis et Chloé.	60
Malbranchu.	60
La fin d'une République.	60
La Croix de Saint-Jacques.	60
Paris sans impôts.	60
Un Quinze-Vingt.	60
Les Gardes françaises.	60
Les Vignes du Seigneur.	60
La Perle des Servantes.	60
Un ami malheureux.	60
Un de perdu, une de retrouvée.	60
La République des lettres.	60
Figaro en prison.	60
La Dame de Trèfle.	60
Le Ver luisant.	60
Les Secrets du Diable.	60
Deux vieux Papillons.	60
La Mariée de Poissy.	60
L'Homme aux Souris.	60
Le Baiser de l'Etrier.	60
Planète et Satellites.	60
Héloïse et Abailard.	60
Une Veuve inconsolable.	60
A la Bastille.	60
Jean Bart.	60
Les Pupilles de dame Charlotte.	60
Le Jour de Charité.	60
Un Fantôme.	60
Les Nains du Roi.	60

SUITE DU CATALOGUE.

Titre	Prix
Les trois Racan.	60
Les Sociétés secrètes.	60
Le Chevalier de Servigny	60
C'en était un.	60
Les trois Dondon.	60
Giralda.	1 »
La première Chanson de Gallet	60
Méphistophélès.	60
L'Alchimiste.	60
Le père Nourricier.	60
Grassot embêté par Ravel.	60
La Société du Doigt dans l'Œil.	60
L'Hôtesse de Saint-Eloy.	60
La Fille bien gardée.	60
Le Jour et la Nuit.	60
Plaisir et Charité.	60
Marié au second Garçon au cinquième.	60
Un Bal en robe de chambre	60
Ne Coiffé.	60
Le Ménage de Rigolette.	60
Le Pont Cassé	60
Un Valet sans Livrée.	60
Le Paysan.	60
Charles le Téméraire.	60
L'Anneau de Salomon.	60
Supplice de Tantale.	60
Les Infidélités Conjugales.	60
Les Petits Moyens.	60
Les Escargots sympathiques.	60
La Grenouille du Régiment	60
Les Tentations d'Antoinette.	60
La baronne Bergamotte.	60
Les Extases de M. Hochenez.	60
Le Journal pour rire.	60
Le Renard et les Raisins.	50
La Belle au Bois dormant.	60
La Course aux Pommes d'Or.	60
Christian et Marguerite.	60
L'Avocat Loubet.	60
Royal-Tambour.	60
Mam'zelle fait ses dents.	60
Le vol à la Roulade.	60
La Fée Cocotte.	60
Mon ami Babolin.	60
Le Palais de Cristal.	60
Passiflor et Cactus.	60
Le Duel au Baiser.	60
Les Trois Ages des Variétés.	60
English Exhibition.	60
Blondette.	60
Histoire d'une Rose et d'un Croquemort.	60
L'Agent secret.	60
Drinn-Drinn.	60
Une Paire de Pères.	60
Les Giboulées.	60
Un Monsieur qui n'a pas d'habit.	60
Mignon.	60
La Chasse aux Grisettes.	60
Voilà plaisir, Mesdames!	60
La Vénus à la Fraise.	60
Les deux Prud'hommes.	60
M. Barbe-Bleue.	60
Une Queue Rouge.	60
Le Pour et le Contre.	60
Le Puits mitoyen.	60
Trois Amours de Pompiers.	60
Les Bloomèristes ou la réforme des Jupons	60
Le Laquais d'un nègre.	60
Los Dansores espagnolas.	60
Madame Schlick.	60
Le Prince Ajax.	60
Les Enfants de la Balle.	60
L'Ami de la maison.	60
La Marquise de La Bretèche.	60
Une Veuve de 15 ans.	60
Une passion à la Vanille.	60
Un service à Blanchard.	60
L'Original et la Copie.	60
Une rivière dans le dos.	60
Cinq Gaillards dont deux Gaillardes.	60
Un Frère terrible.	60
Une Vengeance.	60
Une petite Fille de la Grande Armée.	60
La Fille d'Hoffmann.	60
Un soufflet n'est jamais perdu.	60
Les Femmes de Gavarni	1 »
La Maîtresse d'été et la Maîtresse d'hiver.	60
Les Echelons du mari.	60
Les Néréides et les Cyclopes.	60
Poste restante.	60
Le Portier de sa Maison.	60
Les Compagnons d'Ulysse.	60
Le Roi des Drôles.	60
La Mère Moreau.	60
La Queue du Diable.	60
Le Bal de la Halle.	60
Méridien.	60
La première Maîtresse.	60
La Jolie Meunière.	60
La tante Ursule.	60
Mademoiselle de Navailles.	60
Prunes et Chinois.	60
Histoire d'une Femme mariée.	60
Les Mystères d'Udolphe.	1 »
Une Poule Mouillée.	60
Sullivan.	1 »
Taconnet	60
Alice ou l'Ange du Foyer.	60
Marco Spada.	1 »
Tabarin.	60
Les Abeilles et les Violettes.	60
Le Lutin de la Vallée.	60
Le Baromètre des Amours.	60
Habitez donc votre Immeuble!	60
Le Miroir.	60
Richelieu.	1 »
On dira des bêtises.	60
Le Carnaval des Maris.	60
Un Festival.	60
Une jolie Jambe.	60
Le Voyage d'une Épingle.	60
Les Amours du Diable.	60
Les Postillons de Crèvecœur.	60
Les Orientales.	60
L'amour, qué qu' c'est que ça?	60
La Vie à bon marché.	60
La Lettre au bon Dieu.	60
L'ombre d'Argentine.	60
Faute de mieux.	60
Cadet-Roussel, Dumollet, Gribouille et Cie	60
Fraîchement décorée.	60
Sir John Esbrouff.	60
Les Aides de camp du Général.	60
La Bataille de la vie.	60
Mêlez-vous de vos affaires.	60
Les Moustaches grises.	1 »
Les Vins de France.	60
La Dame aux Œillets blancs.	60
Les Trois Gamins.	60
La Peine du Talion.	60
L'Esprit Frappeur, ou les sept Merveilles du Jour.	60
Le Mari par régime	60
Un Cerveau fêlé.	60
La Queue de la Comète.	60
Sur Terre et sur Mer.	60
Mon Etoile	1 »
Un Fils malgré lui.	60
Mesdames les Pirates.	60
La Fille invisible	60
Un Père de famille.	60
A la recherche d'un Million.	60
Une Rencontre dans le Danube	60
La Femme à trois Maris.	60
Le dernier des Mohicans.	60
Bertrand c'est Raton.	60
Les Contes de la Mère l'Oie.	60
L'Antichambre en Amour.	60
La Fiancée du Diable.	1 »
En trois Visites	60
Caniche, ou le Chien de la Chaumière.	60
L'Automne d'un Farceur.	60
Un Provincial qui se forme.	60

Lagny. — Imprimerie de Vialat et Cie

www.ingramcontent.com/pod-product-compliance
Ingram Content Group UK Ltd.
Pitfield, Milton Keynes, MK11 3LW, UK
UKHW020510230726
13925UKWH00005B/2134